Me ajude a chorar

Do Autor:

As Solas do Sol

Cinco Marias

Como no Céu & Livro de Visitas

O Amor Esquece de Começar

Meu Filho, Minha Filha

Um Terno de Pássaros ao Sul

Canalha!

Terceira Sede

www.twitter.com/carpinejar

Mulher Perdigueira

Borralheiro

Ai Meu Deus, Ai Meu Jesus

Espero Alguém

Me Ajude a Chorar

CARPINEJAR

Me ajude a chorar

• crônicas •

5ª edição

Rio de Janeiro | 2014

Copyright © 2014, Fabrício Carpi Nejar

Capa: Silvana Mattievich
Foto do autor: Marcelo Correa

Editoração: FA Studio

Texto revisado segundo o novo
Acordo Ortográfico da Língua Portuguesa

2014
Impresso no Brasil
Printed in Brazil

Cip-Brasil. Catalogação na fonte
Sindicato Nacional dos Editores de Livros. RJ

C298m	Carpinejar, 1972-
5ª ed.	Me ajude a chorar / Carpinejar. — 5ª ed. — Rio de Janeiro: Bertrand Brasil, 2014.
	156 p.: 21 cm
	ISBN 978-85-286-1952-2
	1. Crônica brasileira. I. Título.
14-09820	CDD: 869.98
	CDU: 821.134.3(81)-8

Todos os direitos reservados pela:
EDITORA BERTRAND BRASIL LTDA.
Rua Argentina, 171 — 2º andar — São Cristóvão
20921-380 — Rio de Janeiro — RJ
Tel.: (0xx21) 2585-2070 — Fax: (0xx21) 2585-2087

Não é permitida a reprodução total ou parcial desta obra, por quaisquer meios, sem a prévia autorização por escrito da Editora.

Atendimento e venda direta ao leitor:
mdireto@record.com.br ou (0xx21) 2585-2002

Sumário

PAI DE MEU PAI 13

PEQUENOS CÉUS SOMADOS 17

O OCEANO E UMA CONCHINHA 20

A ÚLTIMA PALAVRA 23

O AMOR DEPOIS DO DIVÓRCIO 26

CORAGEM DA CHUVA 29

CACHORRO MANCO 32

EU SOU O MELHOR NO QUE FAÇO,
 MAS O QUE FAÇO NÃO É NADA BONITO 35

O IMPOSSÍVEL É O SOBRENOME DO MEDO 38

POR QUE VOCÊ NÃO ARRUMA NAMORADO? 41

A VOCÊ QUE A VÊ PASSAR 44

AMOR IRREVERSÍVEL 46

11º MANDAMENTO: NÃO DESAPAREÇA NO PASSADO ... 48

MENDIGO DO AMOR 49

MENTIRINHAS 52

O JARDIM E O QUINTAL 55

FALAR-LHE-EI A SEU RESPEITO 58

DEPOIS DO TRABALHO, AINDA FALTA TRABALHAR A RELAÇÃO 61

A MESA DOS JOELHOS 64

VAMOS BRINCAR DE GANGORRA? 67

UM COPO DE ÁGUA COM AÇÚCAR 70

O IMPONDERÁVEL 72

SEMPRE TEM ESPAÇO NO AMOR 75

VAZIO TRIPLICADO 78

CIRCO NA BEIRA DA RODOVIA 80

SAUDADE A DOIS 82

QUERIDO CAIO FERNANDO ABREU 85

CARTA AO AMIGO 91

NÃO É AMOR 94

LABRADOR CARAMELO 97

ASSOMBRADO PELA VIDA 99

NINAR 102

BINGO! 105

O MAIS EXTREMO ÓDIO COM O MAIS EXTREMO AMOR 108

BASTA UMA PITANGUEIRA 111

PENÉLOPE CHARMOSA 114

MINHA FILHA E EU 117

AS VELAS DE MEUS DIAS 120

O LADO DO SOL DA CALÇADA 123

MORRER COM SAÚDE 126

O AMOR TEM SONO LEVE	129
O PIANO DA SALA	132
PAREM DE MATAR CACHORROS!	135
NÃO TENHO MAIS AVÓS VIVOS	138
CARTA PARA CÍNTIA MOSCOVICH	141
VOO 1965	144
A MAIOR TRAGÉDIA DE NOSSAS VIDAS	150

Para Katy, minha alegria de viver.

"Posso escrever os versos mais tristes esta noite"
Pablo Neruda

PAI DE MEU PAI

Há uma quebra na história familiar onde as idades se acumulam e se sobrepõem e a ordem natural não tem sentido: é quando o filho se torna pai de seu pai.

É quando o pai envelhece e começa a trotear como se estivesse dentro de uma névoa. Lento, vagaroso, impreciso.

É quando aquele pai que segurava com força nossa mão já não tem como se levantar sozinho. É quando aquele pai, outrora firme e instransponível, enfraquece de vez e demora o dobro da respiração para sair de seu lugar.

É quando aquele pai, que antigamente mandava e ordenava, hoje só suspira, só geme, só procura onde é a porta e onde é a janela — tudo é corredor, tudo é longe.

É quando aquele pai, antes disposto e trabalhador, fracassa ao tirar sua própria roupa e não lembrará de seus remédios.

E nós, como filhos, não faremos outra coisa senão trocar de papel e aceitar que somos responsáveis por aquela vida. Aquela vida que nos gerou depende de nossa vida para morrer em paz.

Todo filho é pai da morte de seu pai.

Ou, quem sabe, a velhice do pai e da mãe seja curiosamente nossa última gravidez. Nosso último ensinamento. Fase para devolver os cuidados que nos foram confiados ao longo de décadas, de retribuir o amor com a amizade da escolta.

E assim como mudamos a casa para atender nossos bebês, tapando tomadas e colocando cercadinhos, vamos alterar a rotina dos móveis para criar os nossos pais.

Uma das primeiras transformações acontece no banheiro.

Seremos pais de nossos pais na hora de pôr uma barra no box do chuveiro.

A barra é emblemática. A barra é simbólica. A barra é inaugurar um cotovelo das águas.

Porque o chuveiro, simples e refrescante, agora é um temporal para os pés idosos de nossos protetores. Não podemos abandoná-los em nenhum momento, inventaremos nossos braços nas paredes.

A casa de quem cuida dos pais tem braços dos filhos pelas paredes. Nossos braços estarão espalhados, sob a forma de corrimões.

Pois envelhecer é andar de mãos dadas com os objetos, envelhecer é subir escada mesmo sem degraus.

Seremos estranhos em nossa residência. Observaremos cada detalhe com pavor e desconhecimento, com dúvida e preocupação. Seremos arquitetos, decoradores, engenheiros frustrados. Como não previmos que os pais adoecem e precisariam da gente?

Nos arrependeremos dos sofás, das estátuas e do acesso caracol, nos arrependeremos de cada obstáculo e tapete.

E feliz do filho que é pai de seu pai antes da morte, e triste do filho que aparece somente no enterro e não se despede um pouco por dia.

Meu amigo José Klein acompanhou o pai até seus derradeiros minutos.

No hospital, a enfermeira fazia a manobra da cama para a maca, buscando repor os lençóis, quando Zé gritou de sua cadeira:

— Deixa que eu ajudo.

Reuniu suas forças e pegou pela primeira vez seu pai no colo.

Colocou o rosto de seu pai contra seu peito.

Ajeitou em seus ombros o pai consumido pelo câncer: pequeno, enrugado, frágil, tremendo.

Ficou segurando um bom tempo, um tempo equivalente à sua infância, um tempo equivalente à sua adolescência, um bom tempo, um tempo interminável.

Embalou o pai de um lado para o outro.

Aninhou o pai.

Acalmou o pai.

E apenas dizia, sussurrado:

— Estou aqui, estou aqui, pai!

O que um pai quer apenas ouvir no fim de sua vida é que seu filho está ali.

PEQUENOS CÉUS SOMADOS

O pássaro que voará mais alto é o pássaro que nunca desistiu de puxar a coleira.

Será a ave amarrada pelas patas que não se conformou com o confinamento da gaiola e que toda manhã esticará seu corpo até o máximo.

Até o máximo daquele dia.

Não pode se soltar, mas nem por isso se sentirá preso. Não é livre, mas nem por isso deixará de admirar a possibilidade de flanar.

Se não tem condições de brincar com as árvores, brincará com sua sombra.

Se não tem como brigar pela comida, valorizará o alpiste que recebe em sua tigela quebrando minuciosamente cada grão.

Se não tem vento para expor sua plumagem, baterá as asas para fazer vento em si.

Se não tem o sol na cara, levantará as unhas pelas barras das grades por um punhado de luz.

O pássaro que voará mais alto sempre é o que — enquanto não pode voar — canta, é o que — enquanto não pode subir — caminha, é o que — enquanto não pode planar — afia o bico.

Não reclamará da falta de opção, usará as opções que tem.

Não pode voar, mas treina seu voo esticando a coleira até o máximo. Até o máximo daquele dia.

Puxará a corrente ao limite. Somará pequenos céus com os centímetros de sua corrente.

Tudo o que voará depois será resultado de tudo o que andou em seus limites. Cinco passos repetidos à exaustão darão o condicionamento de quilômetros. Não estará destreinado para as alturas, já que exercitou seu fôlego no chão.

Não desistiu de avançar mesmo com a ausência de espaço. Não se restringiu a uma aparência apagada. Não se encabulou pelo sofrimento.

Quando não havia chance de sair dali, aproveitou a solidão para se conhecer.

Quando não havia com quem conversar, aproveitou o silêncio para afinamentos.

Deveria ser triste pelas suas circunstâncias, porém é feliz pelo temperamento.

Deveria ser melancólico pelo destino, porém é confiante no acaso.

O pássaro que desaparecerá um dia no alto das nuvens, como se fosse mais uma nuvem, foi o pássaro que jamais parou de tentar.

Só voará alto quem carregou suas penas.

Só voará alto aquele que criou seu lugar um pouco por vez, aquele que formou sua virtude em segredo, aquele que não culpou a vida para se manter parado.

Liberdade vem com o tempo, liberdade vem devagar, liberdade é esforço. Não ser do tamanho de nossa prisão, mas ser do tamanho de nossa vontade.

O OCEANO E UMA CONCHINHA

Encontrei uma senhora com sacolas de mercado subindo as escadas do hospital.

Perguntei se poderia ajudar. Minha mãe sempre me ensinou que não custa nada ser educado.

Carreguei as sacolas até o terceiro andar. Ela se despediu com um beijo em minha testa.

— Vá com Deus, meu anjo.

Fiquei levemente encabulado, minha testa estava úmida, e ela secou meu suor com seu beijo.

Içara, soube mais tarde, acompanhava seu marido André.

Ele tem câncer em estado avançado, metástase nos ossos. Situação grave.

Os dois partilham um casamento de 30 anos. São amigos de minha amiga Cíntia Moscovich.

Já testemunhei o casal abraçado, tomando vinho, comendo risoto, cantando músicas em bar no Moinhos de Vento.

Não lembrei de sua feição na hora. Quando ofereci ajuda, jurei que era uma estranha.

Mostrava-se toda abatida, acuada pela tristeza, as olheiras de coador de café.

Eu me desculpei quando a revi subindo a ladeira da Ramiro Barcelos. Expliquei que não a reconheci naquele dia.

Ela concordou comigo

—Tampouco me reconheço, querido.

Sua simplicidade, sua humildade, sua honestidade me desarmaram.

Já não queria carregar suas sacolas, mas seus olhos.

Içara sofre monstruosidades. Sofre essa viuvez devagar. Essa viuvez vindo. Essa viuvez injusta informando seu coração pouco a pouco da tragédia.

Içara vive sendo enganada pela esperança e não desiste de acordar, dormir, acordar, dormir.

Com a fé exausta, me encarou profundamente. Colocou as mãos em meus ombros e pediu para que eu rezasse por uma coisa.

Uma única coisa. Nem era capaz de pedir para seu marido melhorar. Nem era capaz de suplicar o retorno da rotina.

Nem era doida de encomendar milagre, de que eles possam viajar para a Grécia, admirar os afrescos da Itália, partilhar novamente de música, gastronomia e literatura.

Içara pede uma só coisa, uma só coisinha: dormir mais uma noite de conchinha com seu marido. Uma só noite soletrando a respiração do seu homem.

Uma só noite com as pernas entrelaçadas, as cabeças encostadas para igual horizonte. Uma só noite com a paz dos lençóis de casa e os travesseiros lavados. Uma só noite despertando ao mesmo tempo, com a mesma ânsia de varanda.

Só dormir de conchinha mais uma vez. Uma noite fora do hospital, do soro, do medo de morrer.

Uma noite absolutamente normal. A normalidade no amor é a perfeição.

A ÚLTIMA PALAVRA

Quando Mariela anunciou que iria pegar suas coisas, Éverton rasgou em pedacinhos o cartão que contava a história do casal. Esfacelou como um pão.

O cartão descrevia como eles se conheceram, narrava os melhores momentos de seis anos juntos, apontava as expressões que somente os dois conheciam e que formavam um dialeto engraçado e comovente. Era o cartão de todos os cartões. Uma aliança de papel.

Tinha o tamanho de um cartaz. Para não ter mesmo lugar para guardar. Para repousar nas prateleiras como um porta-retratos, para ser exibido entre os vasos como um quadro, para surgir entre os objetos de estimação como uma escultura viva.

Homem de poucas frases, que nunca escrevia, Éverton superou seu laconismo e resolveu o atrasado da linguagem em longo testamento.

Pediu até para uma amiga professora de Português corrigir, não querendo passar vergonha com erros de ortografia.

As rosas que acompanhavam o texto secaram em uma semana, o que ficou foi a letra dele. Pois o cartão sempre será a pétala que não murcha, mais importante do que o buquê porque é a memória do buquê.

Possuído pela fúria, Éverton nem pensou duas vezes. Esfarinhou a homenagem em suas mãos. Chorou o que podia com os cortes violentos das margens. Os dedos, afiados em tesoura, desfiguraram o conjunto. Com o pedido de separação, buscou se vingar destruindo sua declaração de amor. Sua única declaração de amor.

Depois do vandalismo, ligou para Mariela:

— Venha pegar suas roupas, mas saiba que rasguei o cartão que lhe dei.

— O cartão era meu, não podia ter acabado com ele.

— Você acabou comigo, o que adianta o cartão?

— Não fala desse jeito. Onde ele está?

— Está no lixo.

— Vai lá e recolhe os pedaços.

— Nunca. Nunca mais me abro para nenhuma mulher.

Éverton desapareceu de casa por uma semana, a fim de deixá-la livre a separar e encaixotar seus pertences.

Ao regressar, surpreendeu-se com o cartão que havia rasgado em cima dos travesseiros.

Todo colado. Todo remontado. Um trabalho de recorte e cole tão imenso quanto o dele de escrever.

O cartão lembrava o vitral da igreja onde se casaram, com os retângulos formando as imagens da caligrafia.

Estava ainda mais bonito. Mais iluminado.

Ele esqueceu o boicote e telefonou para Mariela:

— Qual o sentido de recuperar o cartão? — perguntou.

— E você ainda acha que a gente não tem conserto?

Com o gesto absolutamente esperançoso, eles se prenderam um ao outro.

A última palavra nada é perto de um novo beijo.

O AMOR DEPOIS DO DIVÓRCIO

Os promotores de Justiça sabem. Os juízes sabem. Os terapeutas sabem. Os massoterapeutas sabem. As faxineiras sabem.

Nunca houve tanta reconciliação. Mais do que casamento e divórcio.

A reconciliação é o amor autêntico. O amor bandido que se converteu à lei. O amor bêbado que largou o álcool. O amor drogado que fugiu dos vícios.

A reconciliação é o amor depois das férias, recuperado da perseguição dos defeitos e da distorção das conversas.

É o amor depois da mentira, depois do tribunal, depois da maldade da sinceridade, depois da carência.

Casais que se prometeram o inferno, que disputaram a guarda na Justiça, que enlouqueceram os filhos com suas conspirações, decidem voltar a morar juntos, para temor dos vizinhos, para o susto da parentada.

A reconciliação é uma moda entre os divorciados.

Mal se acostumam com o nome de solteiro e se envolvem com os mesmos parceiros. Mas os mesmos parceiros são outros. Outros novos.

A distância elimina a culpa. A falta filtra a cobrança.

Eles experimentaram um tempo sozinhos para descobrir que se matavam por uma idealização.

Enfrentaram relacionamentos diferentes, exageros e excessos, contemporizaram os medos e as rejeições, provaram de frustrações amorosas.

Viram que o príncipe se vestia mal, e o sapo coaxava bonito.

Viram que não existe demônio ou santo no amor. Não existe certo ou errado, existe o amor e ponto.

Este amor provisório, inconstante, inacabado e vivo.

Este amor pano de prato, não toalha de mesa, mas que serve para secar a louça e as lágrimas.

Quem era ciumento retorna equilibrado, quem era indiferente regressa atento.

A trégua salva e refina o comportamento. O casal passa a adotar no dia a dia aquilo que não admitia fazer e que o outro recomendava.

O que soava como crítica antigamente passa a ser conselho.

Gordos emagrecem com exercícios físicos, brabos examinam seus ataques de fúria.

A saudade era um recalque e se transforma em sabedoria.

O par percebe que é melhor ser inexato do que inexistente.

Durante a separação, ninguém aceita ressalva e exame de consciência.

A separação é soberba, escandalosa, arrogante. Todos gritam e espalham os motivos da discórdia.

Já a reconciliação é humilde, ouvinte, discreta. Os amantes cochicham juras e esquecem as falhas. Baixam as exigências para aperfeiçoar o entendimento.

A reconciliação é o amor maduro, o amor que ressuscitou, o amor que desistiu de brigar por besteiras e intrigas.

O amor que é mão dada entre o erro e o perdão. Mas que agora pretende envelhecer de mãos dadas para sempre.

CORAGEM DA CHUVA

À véspera da tempestade de granizos, minha família se dividia em dois grupos: os que se protegiam da chuva e os que festejavam a chuva.

Mãe e irmãos ajudavam a fechar as venezianas, a desalojar as velas das gavetas, a lacrar as portas e se escondiam na sala com pavor dos relâmpagos. Receavam o pior, o destelhamento com as pedras, a infiltração pelas paredes. Formavam uma brigada de prevenção.

Já eu e meu pai nos dirigíamos para a varanda como se fôssemos passear. Sentávamos no banco de madeira, com a aguaceira nos pés, a admirar a tempestade.

Leves, livres, convictos. Adorávamos os pinotes das folhas, as cambalhotas dos galhos, o pipocar dos blocos nas lajes.

A água maquiava nosso rosto com uma fria camada de pó.

Havia uma cumplicidade com o céu violáceo, estranho, absurdamente surpreendente.

Apontávamos qual o raio mais bonito, o mais sonoro, o mais longo, o mais próximo.

Não tínhamos medo, mas ansiedade feliz pelo espetáculo nervoso da natureza. Era como um teatro vazio, só eu e ele, armados dos dois únicos ingressos vendidos, para ouvir a orquestra das árvores deslizando seus violinos de vento e seus violoncelos de assombro.

Ríamos de nossa coragem, enquanto os familiares gritavam em desespero para que a gente entrasse logo, que parasse com aquela brincadeira estúpida.

—Vocês são loucos!

E meu pai respondia:

— Sim, somos! Agora nos deixem com nossa loucura. — E me abraçava carinhosamente entre seus ombros.

Meu pai recolhia uns blocos de gelo para colocar em seu copo de uísque e no meu de limonada. E brindávamos os sabores da vida adulta com os da infância.

No amor, é igual: há os que temem a chuva e os que se jogam para vê-la na sacada.

E não adianta ensinar alguém a amar a tormenta — ela deve estar no sangue.

E não adianta fazer quem gosta de participar das trovoadas se recolher em casa.

Os opostos não se atraem. Os opostos disputam quem tem razão.

Não dará certo juntar aquele que é travado para o relacionamento com aquele que é intenso, aquele que pretende controlar os fatos e o que pretende inventar seus próprios fatos.

Sua companhia irá parar de repente, e você a puxará pela mão jurando que um dia tomará confiança e virá. Não virá, jamais virá.

Pode desejar carregá-la que ela cansará do mesmo jeito. Pode querer explicar que não é necessário ter medo, que não acreditará.

Enquanto exclamar "venha dançar na chuva", ela se trancará no quarto esperando que passe.

Meu pai me explicou, lá na minha criancice, que temos que procurar a parceria certa.

Só dois passionais não cobram passos, estarão correndo e nenhum dos dois se sentirá desajustado.

Não vão se atropelar porque partilham a mesma velocidade da ventania, o mesmo gosto pelo imprevisto, o mesmo susto de ser.

Os relâmpagos iluminam os loucos.

CACHORRO MANCO

Sou devoto dos cachorros mancos. Aquele cachorro com uma perna imaginária, apoiando-se no vento.

Admiro imensamente o vira-lata que, apesar de quebrado, percorre seu trajeto com o focinho erguido.

Que altivez! Que elegância vinda do desespero!

Irei segui-lo na rua para descobrir o que come e onde mora. Posso entornar as latas de lixo para me tornar igual. Posso errar o caminho do trabalho e respirar Porto Alegre atrás de seu vulto. Fico curioso e assombrado pela força sobrenatural que emana de seu andar.

Ele perdeu a pata, mas não a estrada. Ele perdeu a pata, mas não a vontade. Ele perdeu a pata, mas não a esperança. Ele perdeu a pata, mas não perdeu a lembrança de caminhar.

Não tenho pena dele, nem cometo o desatino de me comparar. O cão manco é um homem inteiro.

Passeia por mim e não pede desculpa. Não menosprezo sua convicção: o cachorro manco também corre. O cachorro manco talvez voe. O cachorro manco esquece que tem chão. Sua esperança é uma centopeia apressada.

Ele não se entregou ao encolhimento, continua se arriscando no trânsito pela compreensão. Aceitou apenas que a vida não é perfeita e ninguém é capaz de controlá-la.

Os homens com vergonha de amar deveriam adotar um cachorro manco e contemplar o esforço da ausência. Segurar a patinha inexistente e enxergar o quanto ela é musculosa.

Olhar com calma o pelo que renasceu depois dos maus-tratos e do sol em demasia.

Encarar os olhos carentes desprovidos de cílios, nada separando a realidade do fundo das pupilas.

Sua aparição transforma nosso jeito de desejar o mundo. É só pegar o animal no colo que paramos de reclamar dos pequenos aborrecimentos. Desistimos do orgulho. Nasce uma suave fé da carícia.

Porque o cão manco confia antes de conhecer. Faz festa mesmo sem ser convidado. No amparo estranho, abanará o rabo e tremerá de contentamento. Ele sofreu e não se tornou arredio. Sofreu e não deixou de oferecer o coto.

Um cão manco é uma passagem para a infância — ele lambe o rosto para lavar pudores e ressentimentos. Aceita um prato de comida como se fosse o seu próprio aniversário.

Harmonioso na falta, nos diz que não dependemos de equilíbrio, e sim de um lugar para ir.

O cão manco é meu professor de transcendência. Me explicou que eu não posso amar por dois, posso amar por três, quatro, cinco, o que precisar para retribuir a ternura de outro amor.

EU SOU O MELHOR NO QUE FAÇO, MAS O QUE FAÇO NÃO É NADA BONITO

Meu pai me chama de Wolverine. É o nosso apelido secreto.

Não tenho o queixo quadrado e a baixa estatura do desenho da Marvel Comics. Muito menos a suíça e o cabelo alvoroçado do ator Hugh Jackman, que interpreta o herói no cinema. A referência física não contribui para nossas semelhanças.

Ele me compara ao personagem pelo meu alto poder de cicatrização. Eu me desespero e logo ressuscito, eu caio e logo levanto.

Não morro de uma única vez. Não desisto. Não me entrego mesmo que não veja a saída. Quando não há porta, eu espero no escuro até ser a porta.

A ansiedade que me enerva acaba por aumentar minha vontade de ver de novo a luz.

Tenho fúria de viver.

Não há perda que seja total. Alguém pode me machucar terrivelmente, mas não me leva. Posso permanecer sequelado, mas sei cavar a terra por dentro da terra. Penso nos filhos, penso nos amigos, penso na literatura e sigo adiante. Cambalear ainda é caminhar. A chuva lava minha ferida e o vento seca.

A carne da memória se recompõe de algum jeito. Talvez seja um excesso de sofrimento na infância que me preparou para o pior no futuro.

Eu sobrevivi a tanta coisa.

Sobrevivi ao bullying na escola, ao pessoal me chamando de ET e monstro todo dia durante o ensino fundamental.

Sobrevivi à resistência dos médicos que juravam que tinha algum retardo mental.

Sobrevivi à desistência dos professores com meu desempenho.

Sobrevivi à traição de amigos.

Sobrevivi às drogas para ser aceito na roda dos adultos.

Sobrevivi à briga de rua.

Sobrevivi a uma tentativa de suicídio na adolescência.

Sobrevivi a enterros de jovens colegas.

Sobrevivi a três acidentes de carro.

Sobrevivi a quatro separações.

Sobrevivi ao vício do cigarro.

Sobrevivi a dois assaltos a mão armada.

Sobrevivi a várias demissões.

Sobrevivi ao distanciamento de meus dois irmãos amados.

Sobrevivi, vou sobreviver, mesmo que não acredite na hora.

Só não entendia onde meu pai enxergava as garras retráteis de Logan.

— E as garras das mãos, pai?

— São as palavras, meu filho. Você se defende com a linguagem ou se agarra nela para não morrer.

O IMPOSSÍVEL É O SOBRENOME DO MEDO

Perdemos mais tempo arrumando desculpas do que vivendo.

Perdemos mais tempo adiando do que aceitando a dificuldade

Perdemos mais tempo explicando a desistência do que enfrentando o sim.

Eu garanto que a fuga dá mais trabalho do que se encontrar. Porque estaremos longe, mas com saudade. Porque estaremos protegidos, mas vazios. Porque estaremos aliviados, mas entediados.

A vida é simples, milagrosamente simples.

A esperança é firmeza. Consiste em seguir adiante mesmo com pânico, mesmo com receio.

Não há como acalmar o coração senão vivendo.

Parece que nunca conseguiremos fazer, mas vamos fazer, acredite, toda a vida foi feita de sustos bons.

Somente tememos o que é importante. Somente temos dúvidas do que é essencial. Somente entramos em crise por enxergar com clareza a dimensão de nossa escolha.

Os riscos valorizam a recompensa.

Viver não é para solitários. Sempre tem alguém nos chamando para nos acompanhar no perigo.

Eu pensei que nunca percorreria o corredor de minha infância caminhando, mas o vô me esperava do outro lado. Eu caí e ele me levantou com suas mãos de regente.

Eu pensei que nunca me manteria equilibrado numa bicicleta, mas meu pai fingiu que segurava a minha garupa e pedalei de olhos fechados com o vento me guiando.

Eu pensei que nunca aprenderia a ler e a escrever, mas a letra da minha mãe foi a escada para as histórias.

Eu pensei que nunca teria uma namorada, mas o beijo veio distraído no recreio da segunda série.

Eu pensei que nunca conseguiria nadar, mas os braços foram se revezando até atravessar a piscina.

Eu pensei que nunca passaria no vestibular, mas sacrifiquei noites e pesadelos para um lugar na faculdade.

Eu pensei que nunca teria filhos, eu pensei que nunca dividiria a casa com alguém, eu pensei que nunca seria dependente do olhar de uma mulher, eu pensei que nunca teria dinheiro, eu pensei que nunca seria feliz.

Eu pensei, mas fui fazendo. Fazendo. Fazendo.

O impossível é apenas o sobrenome do medo.

Você acha que somos impossíveis, mas é do impossível que o amor gosta.

O impossível é inesquecível.

O impossível é o possível repartido. O impossível é o possível a dois.

POR QUE VOCÊ NÃO ARRUMA NAMORADO?

Você não entende como não começa um relacionamento, como não se apaixona novamente, como não muda de vida.

Reclama da ausência de opções. É bonita, inteligente, divertida.

Minha hipótese é que não abandonou o passado.

Mantém flertes com o ex indiferente, ou continua saindo com sujeito que jamais assumirá o romance.

Raciocina que, enquanto não vem o escolhido, o príncipe, pode se entreter com velhas paixões.

Mas todos pressentem quando uma mulher está enrolada, todos intuem o caso mal resolvido, e não se aproximam.

Não virá ninguém para espantar os corvos e dissolver essa atmosfera pesada de Prometeu.

É trabalho em vão soterrar o precipício.

Ninguém ousará quebrar o monopólio de sua dor.

Você cheira a encrenca, cheira fidelidade a um terceiro. Seus ouvidos estão lentos, sua boca paira em distante lugar, seus olhos se distraem seguidamente.

Não tem brilho na pele, porém tensão nos ombros.

Sua respiração é um poço de suspiros.

Vive ansiosa por notícias, por reatos, mensagens. Não presta atenção, não se entrega para as casualidades.

Quem enxerga fantasmas não vê os vivos.

Não dá para começar um novo amor sem abandonar os anteriores. Errada a regra que a gente somente esquece um amor antigo por um novo.

Está com o corpo fechado, costurado, mentindo que já não sofre mais com as cicatrizes.

Espera herança, não sai para trabalhar ternuras.

Mendiga retornos, não cria memória.

Sua nudez não responde ao pedido da curva. Nem balança com a música favorita.

Está tomada do carma, do veneno, do ressentimento.

Pensa que está bem, mas está em luto. Uma mulher em luto não permite arrebatamentos, afasta-se na primeira gentileza que receber, recusa a prosperidade das pálpebras piscando nos bares e restaurantes.

Você nunca vai encontrar seu namoro, seu casamento, sua paz, se não terminar de se arrepender.

É preciso guardar o máximo de ar, ir ao fundo, descer na tristeza e nadar para longe dela.

Não amará outro alguém sem solucionar pendências, sem recusar o homem que não a merece, o homem que não vai embora e tampouco fica.

Não amará outro alguém sem abandonar algumas horas de alívio em motéis.

Não amará outro alguém se não bloquear as recaídas, se insistir em ressuscitar as promessas.

Uma mulher nunca será inteira se mantém romances quebrados.

Nunca estará presente.

Nunca estará aqui.

Entenda, minha amiga, só ama quem está disposta a ser amada.

A VOCÊ QUE A VÊ PASSAR

Invejo quem pode vê-la. Eu que não posso mais, eu que estou distante, eu que estou separado dela.

Invejo o cobrador de ônibus. Invejo o motorista. Invejo quem tem a chance de conhecê-la.

Invejo quem pode enxergá-la sem taquicardia, sem sobressalto, sem temer a reação.

Invejo seus amigos que podem encontrá-la para um almoço e conversar à toa.

Invejo a família que tem sempre preferência. Invejo os balconistas da farmácia e das lojas, mesmo que só falem crédito ou débito, invejo porque ela dará uma resposta.

Invejo seus colegas de trabalho que podem gritar pelo seu nome com entusiasmo.

Invejo a moça do cafezinho, o moço da limpeza. Eles têm todo o direito de se aproximar — ela é real e acessível.

Invejo desconhecidos com a fortuna de rápidas palavras. Invejo o flanelinha que lhe chama de linda. Invejo o carteiro que se engana de número e pede uma informação.

Invejo quem tem a possibilidade de telefonar ou mandar mensagem. Invejo os esbarrões de seus dias. Qualquer contato, qualquer cumprimento, invejo.

Eu me invento na inveja.

AMOR IRREVERSÍVEL

Irreversível é a palavra que tememos na relação.

Queremos o amor eterno, mas receamos quando acontece com a gente.

Porque o amor eterno é não ter mais um segundo ou terceiro destino.

A impressão é que nos empobrecemos: somos uma única vida quando poderíamos ser várias.

E assusta a ausência de opção, a ausência de saída, o mesmo lugar de amar ininterruptamente.

Mas só existe amor eterno com escolha. Foi feita uma escolha.

Finalmente uma escolha que pode durar para sempre.

Não é uma imposição. Não é um cativeiro. Não é o término da aventura.

É o início de todos os inícios. É o início de todos os nossos fins.

É uma escolha tão bem-feita que tem longevidade.

É uma escolha tão bem-feita que não tem sentido trocá-la.

É uma escolha tão bem-feita que qualquer outra perto dela é menor e perecível.

Ninguém entra numa escolha sem fechar a porta.

Estar em casa é fechar a porta.

11º MANDAMENTO: NÃO DESAPAREÇA NO PASSADO

Eu nunca errei em amar, posso ter errado o destino de meu amor.

Não darei ao passado minha personalidade, minha paixão, meu temperamento, minha esperança.

Não desisto de minha alegria porque alguém não entendeu antes. Não desisto de minha ingenuidade porque alguém não me cuidou antes. Não desisto de minha coragem porque alguém se acovardou antes. Não desisto de mim porque já sofri antes. Amar é continuar sendo até acertar a companhia.

MENDIGO DO AMOR

Até que ponto é possível amar sem ser amado?

Quando amamos platonicamente, o amor pode durar muito tempo. Pois não tem ninguém para estragar nossa idealização. Não há convivência para nos desafiar. É uma paixão estanque, feita de sonho e névoa. É uma vontade desligada da realidade. Temos a expectativa intacta, longe de contratempos. Acordamos e dormimos com o mesmo sentimento, longe de interrupção em nossa fantasia.

Mas quando amamos dentro de um casamento e quem nos acompanha não retribui o amor? Quanto tempo dura? Quanto tempo você suporta a secura, o desaforo, a grosseria? Quantos meses, se cada dia é um ano?

Nem estou falando de falta de sexo, mas da falta de beijo, de abraço, da telepatia rumorosa, do colo, de ver seu rosto encarado de forma única e brilhante. Nem estou falando da falta de aventura, mas do conforto protetor, da cumplicidade, do afago que é viver com a certeza de que se é admirado. Nem estou falando da falta de viagens, mas do mínimo da rotina apaixonada, ser cuidado mesmo quando se está distraído. Não estou falando de arroubos e arrebatamentos, mas da vontade boa de morder seus lábios levemente quando suspira e de esperar o fim de semana como um feriado.

Quanto tempo dura o amor sem retorno, sem reconhecimento?

Talvez pouco, quase nada. Quem não se sente amado não é capaz de amar. Não é problema de carência, é questão de tortura.

Extravia-se a cintilação dos olhos. Ocorre um bloqueio, uma desesperança, uma resignação violenta. É como dançar valsa sozinho, é como dançar tango sozinho. É abraçar pateticamente o invisível e não ter o outro corpo para garantir seu equilíbrio.

Você se verá um mendigo em sua própria casa, diminuído, triste, desvalorizado, esmolando ternura e atenção. Aquilo que antes parecia natural — a doação, a entrega, a alegria de falar e de se descobrir — será raro e inacessível. Todo corredor torna-se pedágio da hostilidade. Passará a evitar os cômodos para não brigar, passará a evitar certos horários para não se encontrar com sua esposa ou marido, passará a prolongar os períodos na rua, passará apenas a passar. Combaterá as discussões e gritarias anulando sua personalidade. Despovoará a sua herança, assumirá o condomínio do deslugar. Comerá de pé para evitar o silêncio insuportável entre os dois.

Quer um maior mendigo do que aquele que dorme no sofá em sua residência? Com um cobertorzinho emprestado e com a claridade das janelas violentando os segredos?

Por ausência de gentileza, perdemos romances. O que todos desejam é alguém que diga: não vou desperdiçar a chance de lhe amar. Alguém que não canse das promessas, que não sucumba ao egoísmo do pensamento, que tenha mais necessidade do que razão.

A gentileza é tão fácil. É fazer uma comida de surpresa, é convidar a um cinema de imprevisto, é pedir uma conversa séria para apenas se declarar, é comprar uma lembrancinha, é chamar para um banho junto, é oferecer massagem nos pés, é perguntar se está bem e se precisa de alguma coisa, é tentar diminuir a preocupação do outro com frases de incentivo.

Quando o amor para de um dos lados, o relógio intelectual morre. Não se vive desprovido de gentileza. A gentileza é o amor em movimento.

MENTIRINHAS

Protegemos nossas pequenas mentiras em vez de cuidar do relacionamento.
— O que está pensando?
— Por que fez aquilo?
— O que deseja?
Não respondemos o que vem à cabeça, filtramos o que seria mais importante falar, o que daria mais ibope, o que nos fortaleceria naquela situação.

A vontade de agradar é maior do que a vontade de ser verdadeiro.

Não aceitamos nossas imperfeições, e mascaramos os defeitos com imprecisões. A vergonha de errar nos leva aos grandes erros.

Sem querer, já estamos mentindo. E mentimos porque a verdade não impressiona. A verdade não tem roupa de festa. Ela fica abandonada enquanto exercitamos as mentirinhas.

Não nos sentimos culpados, pois ninguém conhece a nossa verdade.

Batemos o pé por bobagens, compramos brigas desnecessárias, geramos discussões à toa.

Usamos a toalha do outro por engano. Pode estar encharcada e sustentamos que não foi a gente. Comemos um doce reservado na geladeira e somos capazes de jamais admitir a autoria e desfazer o mal-entendido. Quebramos um objeto na sala e fingimos que ele sumiu de repente.

Era algo simples de ser assumido, e deixamos passar. Criamos uma avalanche a partir de uma pedra de gelo.

Não confessamos o que aconteceu, e o costume ainda é incriminar quem nos chamou a atenção, invertendo o jogo:

— Não acredita em mim?

Trocamos a espontaneidade pelo orgulho, a franqueza pela persuasão. Subestimamos quem nos escuta ou não nos julgamos dignos do que pensamos. Planejamos o nosso depoimento para soar natural. Premeditamos nossa conduta para receber somente elogios. Ao evitar os castigos e repreendas, evitamos também a autenticidade.

Uma mentirinha é logo esquecida em nome de uma nova e não acompanhamos os juros.

A mentira é um modo de não ser julgado. Mas estamos nos condenando secretamente a nos afastar do que nos incomoda.

Nem é mentir no início de um relacionamento, o que é perdoável, é exagerar um pouco por dia. Sobre o emprego. Sobre o sexo. Sobre o amor. É falsificar nossa pobreza. Colocar uma manta para cobrir o sofá rasgado.

A partir de uma resposta mais agradável, desviamos o caminho, distorcemos algumas frases e somos obrigados a remodelar todo um passado.

Prefiro estar acompanhado numa estrada real, ainda que penosa, a viver sozinho em minha idealização.

O JARDIM E O QUINTAL

Não basta ser fiel, tem que ser leal para dar certo.

Foi o que a minha namorada me disse.

A lealdade é tão importante quanto a fidelidade.

A lealdade é o pensamento da fidelidade. A fidelidade é a ação da lealdade.

A lealdade é a amizade do amor. A fidelidade é o respeito do amor.

Há casais que são fiéis entre si, mas não são leais, e se distanciam um do outro.

Há casais que nunca se traem, mas tampouco se apresentam: vivem pulando a cerca nos gestos.

Podem, aparentemente, conviver em harmonia, só que não expressam o que sentem, não descrevem suas frustrações, conservam uma fachada até a relação estourar. Cuidam do jardim da residência, descuidam do quintal.

Não cooperam com o entendimento, não são didáticos, colocam a sujeira debaixo da cama, deixam os atritos passar sem mediação.

Parece que estão alinhados, porém apenas não estão conversando.

Não respondem onde andam com a cabeça, o que querem de verdade.

Na separação, descobrirão que não se conhecem, pois jamais descreveram suas emoções mais básicas, sequer revelaram o ciúme e o descontentamento no momento da eclosão.

Lealdade é esclarecer as dificuldades e as rusgas. É uma exposição gradual das diferenças que geram as semelhanças.

Fidelidade é uma vontade do casal diante dos demais, lealdade é mostrar a vontade de cada um no decorrer do tempo.

Fidelidade é cumplicidade, lealdade é intimidade.

Fidelidade é um posicionamento público, lealdade é a vida privada.

Fidelidade é projeção, lealdade reflete aquilo que você é para si. Se contraria seu sonho com o casamento ou o namoro, está sendo desleal, mesmo que seja fiel.

Fidelidade é um passo externo, lealdade é um passo interno.

Fidelidade é honrar o compromisso perante o trabalho e os amigos, lealdade é honrar o compromisso em casa.

Lealdade é expor o que se está pensando, o que se procura, não omitir suas intenções, manter sua companhia atualizada de seus problemas e de suas soluções.

Fidelidade é proteger o relacionamento, lealdade é não esconder o que está acontecendo dentro do relacionamento.

Sem lealdade, o amor cansa, o amor estanca, o amor não cresce.

A deslealdade separa mais do que a infidelidade.

A deslealdade é se trair por dentro.

FALAR-LHE-EI A SEU RESPEITO

Ele tossia com violência, mal à beça, com asma de fechar a garganta e o nariz.

Era alta madrugada.

Puxava o ar como se fosse um carrinho com controle. Sofria a chegada do inverno. Seria mais uma passagem tumultuada pela emergência do hospital Moinhos de Vento. Estragaria o dia seguinte de trabalho. Já estava desanimado prevendo as consequências de arrasto e das poucas horas de sono.

Foi quando a banalidade ofereceu seu milagre.

Depois da nebulização, já tranquilo com a medicação, a esposa pegou com vontade a sua mão esquerda e beijou seus olhos.

Beijou os dois olhos em sequência. Beijou as pálpebras dele como se fossem lábios. Umedeceu seus olhos com a saliva.

Não parava de acalmá-los com seu perfume. A boca dela caminhava de um lado para o outro, como uma compressa de febre.

E vi o quanto ela o desejava.

Quem beija a boca está apaixonado. Mas quem beija os olhos de seu homem está amando verdadeiramente.

Beijar os olhos é ter medo de perder quem a gente quer, é ter medo da viuvez, da solidão, do abandono, de nunca mais ser feliz.

Ninguém beija os olhos à toa, por distração.

Beijar os olhos é uma demonstração de apego, de urgência, o equivalente a uma serenata na janela.

Não é para qualquer um, é um gesto pensado, decidido, orquestrado pelos nervos e solicitado por todo o sangue do corpo.

É o auge da delicadeza. É quando a feição se abre em corredor do altar.

É o cume da sutileza, manifestação maior de confiança.

Beijar os olhos de um homem é a mesóclise da vida a dois. A mesóclise é linda, mas incomum, deve ser usada em ocasiões muito especiais.

Uma mulher somente beija os olhos de seu homem porque chorar não é mais suficiente. E chora com a própria boca em outros olhos. Sua língua é uma lágrima emprestada.

Trata-se de um beijo que rouba o rosto. Um comprimir confuso, sincero, impetuoso.

Talvez seja uma confissão mais do que beijo. Talvez seja um voto de fidelidade. É o instante em que ela aceita que o tempo não existe no amor, o que existe é a palavra dada.

Beijar os olhos de um homem é um pedido de casamento feito pela mulher.

DEPOIS DO TRABALHO, AINDA FALTA TRABALHAR A RELAÇÃO

Amar não é suportar tudo. Aguentar qualquer coisa.

Não é porque você ama que o amor se faz sozinho.

Não é porque você conquistou quem desejava que deve relaxar.

Não é porque alcançou a independência financeira que já tem autonomia afetiva.

Quando chega em casa do trabalho, depois de oito horas de incômodo, da chuva de cobranças e prazos, cansado, estressado, faminto, não adianta afundar no sofá, esticar as pernas, esquentar algo e se apagar.

Não terá direito à solidão e ficar em paz. Não terá direito a não conversar. Não terá direito a não ser afetuoso. Não terá direito a assistir à televisão sem ninguém por perto.

Se pretende se isolar, não ouse casar, não procure dividir o tempo e o abajur.

Quando regressa do serviço, acabou a vida profissional, porém começa a vida pessoal. E do zero.

Sua mulher não tem que tolerar seu desaparecimento, sua anulação, sua desistência pelos corredores.

Ela quer senti-lo, entendê-lo, percebê-lo.

A noite é manhã para o amor.

Quando retorna da rua, agora é o instante de trabalhar o relacionamento.

Da mesma forma que seria demitido se ofendesse um colega, não desfruta de espaço para agressão e gritos. É a esfera da delicadeza, das pontas dos dedos na face, de emoldurar a confiança.

Controle-se, comporte-se, cuidado com o que diz, não se entregue ao cansaço.

Sua esposa nada tem a ver com aquilo que cumpriu à luz do sol. Não conta pontos sua dedicação no escritório.

É um novo turno, sem antecedentes, sem pré-história.

É a primeira vez durante o dia que trocará assunto com ela (que seja separando as melhores peripécias) É a primeira vez durante o dia que se dedicará a ouvi-la (que decore a intensidade das palavras). É a primeira vez durante o dia que passará as mãos em seus cabelos (que seja mais generoso do que a escova). É a primeira vez durante o dia que beijará sua boca (que seja com calma da janela). É a primeira vez durante o dia que presta atenção no que ela veste e como se veste (que seja com atenção de alfaiate).

Não há como trapacear. Não há como despistar, postergar para o final de semana.

É só você e ela.

Tome guaraná cerebral, emborque litros de café, triture amendoim com os dentes. Mas se mantenha acordado. Não se ganha um casamento empatando.

É o período de oferecer atenção integral — ela espera que confirme os motivos para estarem juntos.

Por mais absurdo que soe, assim que pousa sua pasta no chão da residência, inicia o expediente amoroso — todos que amam têm dupla jornada.

É acolher as dúvidas, abraçar demorado, preparar a janta, perguntar sobre os amigos, valorizar os apelidos, deitar próximo, não se distanciar do campo elétrico da pele.

Amar é muito mais grave do que uma profissão. Muito mais complicado. Não tem aposentadoria.

A MESA DOS JOELHOS

Casal inteligente enriquece junto? Por favor, me dá um desconto.

Ter objetivos em comum separa o casal. É confundir a relação com um negócio. Daí não será um namorado, mas um sócio. Daí não será uma namorada, mas uma investidora.

Não há engano maior do que partilhar metas. Trocar a televisão pelas planilhas do Excel. O que parece uma referência de parceria, tampa de margarina, é um se aproveitando do outro.

Estão preocupados em não perder tempo, em render o máximo desempenho com o mínimo esforço, em aproveitar as chances e as ocasiões para eliminar as exigências domésticas. Não têm afinidades, a não ser a vontade de crescer profissionalmente.

Invente de retirar o interesse dos dois, não sobrará coisa alguma, pedra sobre pedra, cartão sobre cartão. Não terão assunto. Adoram a distância para simular saudade. A única sintonia é a carreira, o que um oferece e o segundo aceita, não vão partilhar o futuro. O mercado é muito instável para um casamento. Afinal, é preciso ser livre para atrair ofertas.

Alguns podem até delirar que é amor, chegue perto com o olfato: o perfume excessivo é ambição. Dividir o poder não significa cumplicidade, é adoração de si. A paixão é o espelho da obsessão. Um espelho que nunca fica embaçado.

É conveniente amar a prosperidade de um homem ou sucesso de uma mulher. Tomar carona.

Amor é empobrecer junto, se for o caso. É ser inútil e continuar tentando. É não ter medo de começar com um colchão no chão e com as mesas dos joelhos. Não aguardar o momento, ficar ao lado até que ele venha ou não venha. Suportar as dívidas, os credores, as piores fases e encontrar humor dentro das contas.

É admirar mesmo sem qualquer identificação imediata. Respeitar os caminhos diferentes, opções distantes, vocações opostas e procurar entender para conversar e recolher os farelos de pão e arrumar a gola na hora de partir.

Não se escolhe uma companhia por aquilo que ele faz a ela, porém por aquilo que deseja a ela. Por aquilo que ele guarda no desejo.

Sempre estranhei casal que se esbarra no corredor de casa e passa reto. Encontra seu par e não diz nada. Como dois desconhecidos, mesmo que já tenham se visto há um minuto. Alheios, fantasmagóricos. Não contraem culpa pela desatenção, acham natural ver e não ver, estar ocupado e seguir adiante. Não se intrigam de ternura, não se espantam com a falta repentina. Não mencionam um toque. Não se pronunciam com um beijo ou um abraço. Não se provocam com as perguntas irritantes e tão necessárias: "O que está pensando?" ou "O que está fazendo?"

Estão longe de um lar. Suas casas são escritórios.

VAMOS BRINCAR DE GANGORRA?

Quando um está mal, o outro deve estar bem.
Quando um está irritado, o outro deve ser paciente.
Quando um está cansado, o outro deve encontrar disposição.
Quando um adoece, o outro deve mostrar saúde.
Quando um se envaidece de razão, o outro deve ser humilde no cuidado.
No casal, as fraquezas não podem convergir. Não podem ocorrer simultaneamente.
Ao ver que sua parceira explodiu, escolha um momento distinto para desabafar e reclamar. Recue de sua catarse. Deixe para o dia seguinte. Ela nem irá ouvi-lo no acesso de cólera.
Quando os dois decidem ser a parte mais fraca do relacionamento, os laços sucumbem.

Não podem ocupar o mesmo papel, o mesmo script. Só há vaga para um protagonista em cada crise. Alguém terá que ser coadjuvante. Dois vilões no mesmo filme geram divórcio.

A alternância é o segredo da convivência. Mudar de lugar sempre, analisar quem mais precisa e ceder.

O que traz estabilidade é a gangorra: quando a mulher cai, o homem estende o braço; quando o homem vacila, a mulher acode.

A separação acontece quando duas chagas conversam procurando mostrar qual é a mais funda. É quando duas feridas travam uma guerra buscando sangrar mais, e nenhum dos lados estanca a própria carência.

O sofrimento acentua o orgulho, a dor agrava a cegueira, a ansiedade de resolver logo a discordância apenas abre a porta para o fim.

É uma disputa do desespero, e o casal se afoga nas mágoas. Não haverá sequer um salva-vidas acordado.

Ainda que sobre paixão, ainda que reste confiança, nada segura o momento em que os dois coincidem em enlouquecer. A loucura exige troca de plantão.

O casal é capaz de destruir uma história linda e promissora por uma noite de fúria.

A esposa e o marido se transformam em crianças, e crianças abandonadas em casa berrando e com medo.

Tentarão gritar alto para chamar os vizinhos e denunciar os maus-tratos. E vão se indispor e se ofender tanto, e vão se provocar e se agredir tanto, que depois é difícil cicatrizar.

Um tem que ser adulto na hora do pânico. Um tem que ser responsável. Um tem que ser forte o suficiente para preservar as fraquezas do amor.

UM COPO DE ÁGUA COM AÇÚCAR

Quando vejo alguém dependendo de minha ajuda, não dou chance para as dúvidas, falo sem parar. Fico destravado, desengonçado. Sanha incontrolável, falo sem pensar. Falo sem lógica. Falo para me antecipar. Faço perguntas desnecessárias, absurdas.

Quando estou nervoso, falo como uma caturrita. Demoro mais tempo para achar meu tempo. É como se a pessoa em dificuldades estivesse tonta. Puxo conversa para evitar que ela desmaie e perca a consciência. A palavra é um copo de água com açúcar.

A bondade tem que ser um hábito esquecido: usar e esquecer para não emitir boleto de cobrança. Bondade não é favor, é recompensa. Creio que tenho uma inclinação para a tristeza; não admito estar feliz sozinho.

Minha felicidade cria cúmplices, procura testemunhas. Se chego em casa de noite, entusiasmado e percebo que minha mulher está abatida, já esqueço de mim para cuidar dela. Ela faria o mesmo. Enquanto um prepara a janta, o outro faz a mesa. Enquanto um cozinha, o outro lava. No amor, a felicidade não aceita ser solteira. Ou ambos estão alegres ou ambos estão se protegendo para a tempestade passar. Ou somos cachorros fugindo dos carros ou somos carros buzinando para os cachorros. Um momento para ser advertido para em seguida advertir.

Vivia preocupado em achar a pessoa certa mais do que a expressão certa. Mas não há pessoa errada, o que existe é pouca insistência.

O IMPONDERÁVEL

Nunca sei o que pode ocorrer por mais que tenha ante cipado situações.

Já me acostumei com a visita do Imponderável em minha vida.

Ele entra sem permissão, sem licença e muda a ordem dos acontecimentos.

Tenho certeza que você também o conhece. Ele não deixa nenhum lar desassistido. Não compra ingressos, não paga estacionamento. Para qualquer evento, usa carteiraço. Entra em casamento, em velório, em aniversário com a maior cara de pau.

Quando treinamos a realidade, não programamos a sua presença indiscutível.

É ele que manda e decide. Somos coadjuvantes de seus repentes. Você teve que lidar com sua invasão bruxuleante no vestibular quando se via afiado e surgia o branco, no momento de atravessar uma festa para chamar uma colega para dançar e alguém se antecipava.

O Imponderável tem preferência por quem se prepara antes para um teste emocional. Sua diversão é destruir nossos roteiros e planejamentos, mostrar que não somos onipotentes, que não há como cantar vitória no primeiro tempo.

É uma criança grande e desengonçada, com o humor sarcástico de um velho ranzinza.

Ele não tem amigos. Não tem família. É solitário e ajuda para o bem ou para o mal.

É como uma versão ateísta do Espírito Santo.

Vou me separar, peço a bênção aos meus amigos, memorizo o que direi, o tom, o encadeamento das explicações, sinto-me pronto e indestrutível, mas, quando me encontro com a esposa, vem também o Imponderável. Ela está cheirosa, linda, suave, nada raivosa como nos últimos dias, e cedo aos encantos de sua doçura, fico subitamente excitado e acabo me reconciliando de novo.

Vou pedir uma mulher em namoro, após dois meses de saídas e flertes. Compro um par de brincos, ensaio o discurso, escolho o restaurante, encaminho champanhe ao gelo, até que o Imponderável aparece e ela esbarra em seu ex antes de sentar e eles se abraçam de um jeito sensual e duvidoso que amargam os meus planos. Não digo coisa alguma do que sinto e não mais nos revemos.

Vou participar de uma entrevista de emprego, é meu grande momento profissional, nasci para fazer aquilo, fui aprovado com alta nota no teste de conhecimentos gerais, agora é questão de um detalhe, só não responder nenhuma doideira e me revelar minimamente equilibrado. Mas, ao entrar na sala do RH, o Imponderável caminha ao meu lado. O entrevistador é um colega da infância, o Bola, meu alvo predileto de bullying.

O Imponderável nos devolve à humildade.

Amigo morre precocemente, divórcio é deflagrado na mais alta alegria, paz entre inimigos mortais é sacramentada do acaso: tudo tem o dedo do Imponderável. O impossível se transforma em possível, e o possível se torna um fracasso.

O que nos resta é perceber que a vida é muito curta para ter razão, mais vale é ter amor e perder a razão. Aquele que ama improvisa.

SEMPRE TEM ESPAÇO NO AMOR

Tinha 7 anos quando meu pai saiu de casa.

Foi minha maior solidão.

Concluído o almoço, ia ao seu armário mexer nas roupas que ficaram do divórcio.

Reconstruía o pai na cama de casal.

Por ordem, colocava a boina, a camisa de linho, a gravata sobre a camisa, a calça, o cinto, as meias e os sapatos.

Era meu quebra-cabeça em tamanho natural.

Conversava longamente com seu traje estendido no lençol, imaginando que meu pai sesteava.

Um dia minha mãe me pegou falando com os tecidos.

— O que você está fazendo, Fabrício?

— Nada, passando roupa. Brincando de passar roupa.

Eu brincava de ser filho, no fundo. Brincava de saudade. Brincava de reconciliação.

Lembrei dessa cena da infância ao separar metade de meu armário para uso de minha namorada.

Nunca tive problema em ceder território. Prefiro oferecer as prateleiras. Não sou fã do vazio.

Retirar minhas coisas é me selecionar. Não sofro com o ato, não é nenhuma renúncia.

É a alegria de mostrar que a minha vida estava incompleta mesmo, que ela veio me preencher.

Enfrentei várias mudanças nos meus 40 anos.

Já partilhei quarto com dois irmãos, onde tinha direito a somente três gavetas para encaixotar a minha tralha. Como é que comprimia a adolescência em pequena cômoda? E ainda sobravam frestas para esconder os gibis.

Depois ganhei um quarto sozinho e espalhei as roupas e ocupei todo o compartimento. Tampouco compreendia como guardava tudo em três gavetas e em seguida faltava espaço com o armário inteiro livre. Aquilo me intrigava. Redobrei atenção nas aulas de Física, porém a poesia é que solucionou o desafio.

Na vida adulta, após morar sozinho e acompanhado, solteiro e casado, fui entendendo que tenho mais espaço na estreiteza. Eu me organizo melhor na generosidade. Eu me penso melhor quando divido. Eu me cuido melhor quando alguém está comigo.

Não tenho interesse em ganhar um closet, desfrutar de um quarto para os casacos ou para os sapatos.

Independência é conviver feliz dentro da intimidade.

A ambição é deixar que minhas roupas casem também com as roupas dela, que nada fique isolado e casmurro, perdido e avulso.

Hoje estiquei a blusa da esposa na cama.

Melhor sentir saudade na presença do que na ausência.

Vou fingir que estou passando roupa de novo.

VAZIO TRIPLICADO

Após se separar da esposa, você começa a escutar a casa do vizinho como se fosse a sua. Com uma nitidez irritante. Não que a parede seja fina entre os imóveis, a sensibilidade da audição triplicou com o vazio

Na hora em que atinge esse ponto, você conheceu o isolamento perfeito. Um isolamento físico e mental.

Nada lhe resta senão obedecer ao relógio. Como uma criança deitada na classe aguardando o sino da escola.

Você bebe qualquer som. Consegue identificar o motor da geladeira, coisa que nunca reparava.

O que é longe torna-se perto. No fundo, tanto faz a distância, pois não tem nenhum lugar para ir, nem vontade de ficar.

Ao andar pela sala, vê a necessidade de trocar o forro das almofadas, de arrumar infiltrações no teto, de corrigir o mau contato do abajur. Mas não tem vontade de consertar a vida. O conserto exige esperança.

Você se julga morto. O café é chá, a sopa é suco, a segunda-feira é feriado, a terça é sábado, a quarta é domingo, a quinta é paralisação, a sexta é greve geral.

Você está no apartamento alheio mais do que no seu próprio apartamento. Porque nada acontece em seu domínio.

Você não encontra o que falar consigo, e antes reclamava da falta de assunto com a esposa. Você não suporta dormir pelo excesso de quietude, e antes lamentava o volume da tevê.

Você não tem o que pensar, já conhece seus pensamentos de cor, se acha um livro lido e previsível.

Ninguém pisa em seu capacho, formado por cartas, contas e propagandas.

Separação é estar absolutamente entregue ao ouvido, todo ruído do lado de fora soa como de dentro.

É acompanhar um por um dos seus batimentos cardíacos. Enquanto o monitoramento é distraído, tudo bem. Na hora em que você começa a contar, esteja certo: você enlouqueceu.

CIRCO NA BEIRA DA RODOVIA

Nenhum dos dois quis mudar. Mudar era visto como piorar, infelizmente. Nos amamos o suficiente para morrer, não o suficiente para nascer de novo.

Não vou telefonar, não vou mandar torpedo, apesar da vontade imensa de reatar. O orgulho assumiu meu quarto. Conversa com ele agora. Com essa governanta das minhas desvalias. Estou de castigo, protegido, ausente, impedido de responder por mim. Se fosse responder, avisaria que dependo de você.

Não que não sinta nada por você, sinto absolutamente tudo mais do que nunca e não consigo comunicar. Os cotovelos latejam, a cabeça boia, as pernas mergulham numa fraqueza de maratona.

É esquisito ser seu ex. No dia seguinte, sou seu ex-namorado. Acordei ex. Pronto. Na noite anterior, era o homem mais importante. Agora virei um estranho, um engano.

É excessivamente cruel. Largar uma história em comum sem nenhuma desintoxicação, tratamento, cuidado. Sem nenhuma antessala para chorar, berrar, espernear, expiar a febre.

Não tivemos filhos, não tivemos uma casa para dividir na partilha, não tivemos um cachorro para nos procurar novamente. Não projetamos pretextos para a reconciliação, como esquecemos disso? Nosso amor não tem endereço, como um circo, montado e desmontado na estrada.

Como dói o que não começou a doer. Não preciso de férias, preciso de outra vida.

SAUDADE A DOIS

A saudade tem prazo de validade.

Não pode permanecer muito tempo guardada. Não pode permanecer muito tempo não sendo correspondida.

Depois de aberta e fora do convívio, assim como o leite, a saudade azeda. E não há memória refrigerada para conservá-la.

Quando passa da hora, aquela falta ansiosa e comovente é capaz de se tornar ironia e sarcasmo.

O suspiro se transforma em ofensa — nos enxergaremos tolos e burros por confiar cegamente em alguém e esperar à toa. Reclamaremos nossa idiotice por termos feito uma vigília em vão, por termos esquecido de viver.

Já não queremos que o outro volte, já desejamos que ele nunca mais apareça em nossa frente. Violentaremos as lembranças, fecharemos a reza.

A ternura de antes será trocada pela raiva de não ser atendido. Mudaremos a personalidade de nossa conversa, de doce para ácida. Pois o segredo (a saudade é um segredo!) que nos alimentou durante meses não fora respeitado.

Infelizmente, a saudade apodrece.

Quando deixamos de pedir a presença para cobrar a ausência. É sutil o movimento. Toda a atenção dedicada ao longo de um período começa a ser vista como desperdício. Não aconteceu retorno das juras, nem o estorno das expectativas.

Você mandou centenas de mensagens, renunciou bares e saídas com amigos, teve uma vida discreta e fiel, só para honrar uma despedida, e percebeu que, no fim, sempre esteve sozinho na saudade.

Saudade é como o amor. Perece quando não é a dois.

Aliás, quando a saudade não é a dois, deixa de ser saudade para se descobrir solidão.

A saudade é o que guardamos do amor para o futuro. É o que deixamos para amar no futuro.

Nada dói tanto quanto um amor que não vingou após os cuidados do plantio.

Nada dói tanto quanto a saudade que envelhece, uma saudade que definhou pela indiferença, que não foi valorizada pela nossa companhia, que não desembocou em festa.

Nada dói tanto quanto promessas feitas gerando ressentimento.

A saudade não é eterna. Acaba quando percebemos que o amor era da boca para fora, que a urgência era interesse, que a necessidade era falsa.

A saudade é uma esperança de amor. Precisa ser consumida rapidamente, não mais que três meses. Senão, nos consome e nos estraga.

QUERIDO CAIO FERNANDO ABREU

Me explique, bruxo? Onde estiver me explique.

Como alguém pode vir morar contigo, dizer que te ama na noite anterior, e sumir de repente sem nenhum arrependimento?

Amor muda de ideia? Amor é leviano assim? Amor é brincar de destruir?

O que digo agora também já está morrendo?

Morrer produz barulho, sei, mas e o barulho de viver? Não dá para ouvir daí?

Como do homem dos sonhos você se torna um homem sem sonho?

Como uma manhã sem falar doía nela e hoje o amanhã sem falar nem provoca ansiedade?

Como alguém não guarda em si o mínimo de autocrítica para refletir as últimas semanas?

Eu dividiria até meu egoísmo com ela. Não ficaria com ele sem partilhar. Como não se fracionar? No momento em que a gente se guarda a gente se perde, não?

Como alguém que ama decide alguma coisa? Logo no amor, Caio? Amor não é adiar? Amor não é humildade?

Vejo que o erro é arrogante, Caio. Como existe soberba na maldade, hein?

Será que foi vingança de relações passadas? Eu era o intervalo de um ódio?

Será que não devia ser sincero, fiel, não podia confessar minhas fraquezas, falar o que temia? Honestidade não combina com amor?

Eu que sou garrancho, arredondei a letra no caderno de caligrafia, escrevi entre as linhas de baixo e de cima, bem certinho, você ficaria orgulhoso conhecendo minha pressa, mas só você, Caio, só você sabe o enorme sacrifício que é escrever entre as linhas.

Será que a felicidade machuca? Será que a felicidade nunca é suficiente? Será que os casais se separam porque acreditam que podem ser felizes sem ninguém? Ou acreditam que podem ser ainda mais felizes do que estão sendo?

Será que a solidão mente o que somos?

Se o afeto sufoca, me diz, então, o que liberta?

Será que é só conhecer uma intimidade que somos empurrados para fora? Será que a pessoa não se gosta nem um pouco para admitir testemunhas? Será que sabemos demais, enxergamos demais, e nosso corpo é obrigado a desaparecer? Amar é coisa de máfia?

Será que recebemos a culpa por problemas pessoais? Que é mais fácil encerrar a relação do que assumir os medos?

O amor é um mal-entendido, é ilógico, Caio? Estou começando a crer nesta hipótese.

Como alguém pode se entregar loucamente e depois alegar que nada mais tem importância?

Que piração é esta, Caio? Isso também acontece no mundo dos mortos? Ou os mortos são mais estáveis? Ou os mortos são mais confiáveis?

Como alguém faz declaração pública de amor e depois diz que desejava invisibilidade?

Como confiar no silêncio se não há esperança?

Eu fingi que era diferente? Não expressei como era desde sempre, não avisei como funcionava?

Como alguém cultiva os meus amigos e filhos, defende o nosso destino numa hora e na hora seguinte se mostra surda a todo conselho, surda a toda dúvida, surda a toda incerteza?

Como alguém pode jogar a história fora? Por facilidade? Não conheço nada fácil, nem a amizade. Não pode ser.

Será que ninguém mais lê poemas hoje, Caio? Poemas não têm final. O amor deveria ser como um livro de poesia. Para se ler fora de ordem. Para se ler um pouco por dia. Desprovido de desfecho. Poema é releitura na primeira leitura.

Caio, não suporto que digam que mulher não gosta de homem que se entrega, que temos que omitir, que temos que jogar. É uma cilada machista, não lhe parece, para justificar a grosseria e a ausência de interesse?

O que será da intensidade longe da doação?

Onde foi parar a delicadeza dela, a ternura de antes? Foi uma miragem?

Onde as pessoas escondem o amor, Caio? Onde as pessoas enterram os ossos de suas alegrias?

Como alguém pode ser frio, indiferente, insensível a ponto de usar as frases mais duras e impessoais, sem se importar com o sofrimento que causa?

Como alguém manda mensagens como se estivesse realizando um favor? Que superioridade é esta? Cadê o nervosismo que pede um abraço?

Como alguém não se esforça para retroceder o baque, zerar os meses? Por amor, a gente esquece que nasceu um dia, não é mesmo?

Como alguém não cancela sua atitude? Que obstinação é essa de machucar, de sangrar ruas e lugares prediletos?

Como alguém não sente saudade, não inventa saudade, não cria saudade? É um produto em falta por aqui, Caio, pode mandar material? Mande garoa de palavra para recriar saudade, por favor?

Como não retornar pela verdade, se eu voltaria ainda que fosse uma mentira?

Como não caminhar recuando, se avançar é lembrar?

Como o outro termina sem conversar, termina por terminar, termina de modo cruel o que não havia sinalizado?

Como alguém usa a porta para pisar as mãos, permanece agredindo quem merecia uma fresta de compreensão?

Como alguém afirma que nada muda da noite para o dia e esquece as noites que mudaram seus dias?

Como esse mesmo alguém é outro, já outro, tão outro que nem sei mais quem fui?

Como não desconfiar do passado, como não imaginar que tudo foi uma mentira?

Como não se sentir usado pelos anjos, corrompido pela dor?

Como, Caio?

Alguém mentiu, Caio, para mim. Para si. E para todos.

Eu não desisto do que falei um dia com todo o coração. Mas sou eu, Caio, sou eu. Não posso exigir isso de ninguém.

Viver é incompreensível.

Um beijo. Cuide-se.

Fabrício Carpinejar

CARTA AO AMIGO

Ser leal com o amor é não abandonar a tentativa. É esgotar as chances. É não permitir que um "se" seja maior do que um sim. É não experimentar a culpa por não ter feito.

Você cumpriu tudo o que um amor pede — está quite com a vida. Não haverá aquele remorso pela omissão e indiferença.

O amor pede agora que se retire. Quando cedemos o corpo e a alma, ficamos com o corpo. Não se preocupe, alma nasce de novo.

Ela escolheu não ficar contigo porque você criou a escolha. Antes ela não tinha. Você havia terminado. Agora ela entende que você a queria. Não deixou nenhuma vontade em desuso, nenhuma lembrança em aberto.

Não se arrependa nunca disso. Gentileza é garantir a escolha, mesmo que a resposta não seja a que desejamos.

Levará sua coragem para dentro de suas próximas paixões. Coragem é temperamento, não é interesse. Você não a conquistou, mas se conquistou de volta.

Ela não é menos porque deixou de amá-lo. Não tem culpa pela sinceridade. Tão corajosa quanto você por dizer o que pensa e não se submeter ao que os outros gostariam, inclusive nós. Merece o nosso respeito do início ao fim. Não está em julgamento.

Um homem só prova que é grande quando não diminui a mulher para se valorizar. Já deixei de ser homem várias vezes com ex-namoradas. Por favor, não me repita.

Assim como não irei admitir que sua busca seja confundida com perseguição. Ou fruto de um ciúme doentio. Foi uma declaração de ternura. Pena que não estamos mais acostumados com o romantismo e confundimos fé com obsessão.

Lembra quando chegou perto de mim e me pediu "Não sei o que fazer... Me ensina?"?

Pois é, eu não ensinei nada. Aprendemos os dois que o amor não tem orgulho, oferece apenas sua fragilidade. Aprendemos os dois que todo apaixonado é bipolar, procura e hesita quase ao mesmo tempo, arrisca e desiste quase ao mesmo tempo, muda de opinião para reafirmar logo em seguida, sofre escandalosamente para não sofrer seus segredos.

Talvez tenha errado em insistir, mas são erros puros. Erros que não devem fazer com que se feche daqui por diante. Amor oferecido não se devolve. Não pede recompensa. Não exige final feliz.

O amor a ela fará com que ame melhor seus amigos e sua família. Vai migrar delicadamente para quem precisa e sente falta.

Ela não pode mais o esquecer. Pode não amá-lo, mas esquecer não. Há memória depois de uma vida juntos. Honremos.

NÃO É AMOR

Por que ela não conta? Por que ela não presta ocorrência na delegacia?

Todos acham um absurdo apanhar e não revidar publicamente.

Não é fácil se separar. Não é simples para muitas mulheres denunciar o companheiro.

Eu entendo a vergonha de quem suporta maus-tratos em casa.

A humilhação de apanhar do marido. De receber tapa ou empurrão e guardar para si. De levar soco ou pontapé e cuidar dos hematomas em sigilo.

Ninguém tem ideia de como essas pessoas sofrem.

Sofrem pela dor física, mas sofrem ainda mais pela esperança de que um dia seu homem vai se recuperar. E isso não acontece.

As mulheres que aguentam violência doméstica são solitárias. Absurdamente sozinhas. Loucamente desamparadas.

Perdem a paciência e a tolerância de quem poderia salvá-las.

Elas se isolam dos amigos, pois não têm mais audácia para disfarçar as histórias.

Elas se distanciam dos familiares porque nenhum parente admitiria a hipótese nem de um insulto.

Morrem socialmente: enterradas vivas em suas próprias residências.

Apesar do calor excessivo, não podem usar vestidos e mangas curtas para não ostentar as feridas e os inchaços. Acordam de óculos escuros para se encarar no espelho.

Colocam sua maquiagem reparando os danos noturnos.

Para os colegas, estão constantemente caindo da escada e tropeçando nos móveis.

Para os filhos, fingem que não choram com um sorriso que não mexe nem as rugas.

Elas mentem no lugar do agressor. Mentem pelo medo de não ter outra chance de ser feliz.

Dedicam suas horas a zelar por uma farsa, a proteger um conto de fadas que existe na aparência, tentando salvar o casamento a qualquer custo.

Festejam as semanas sadias como milagres. Saúdam os momentos calmos como férias. Esmolam olhares de ternura para compensar o inferno.

Eu entendo as mulheres agredidas. Entendo, e dói entender.

É uma espiral de constrangimentos, que abole as defesas, que apaga a personalidade, que anula o temperamento.

São frágeis, quebradiças, carentes.

Atravessam um domingo inteiro procurando uma desculpa para continuar.

São as únicas que não enxergam que terminou o relacionamento, que não há jeito de recuperar o respeito.

Não são apenas cegas de amor, também surdas e mudas. O amor roubou os sentidos, o sentido de suas vidas.

Juram que foi uma exceção quando é a terceira ou quarta vez que a discussão desanda em briga.

Invertem a perspectiva do mundo: a tranquilidade é a exceção em sua rotina e se enganam que é a regra.

Juram que o marido não é violento, que há muita pressão do trabalho, que é efeito da bebida.

Explicam e justificam e argumentam o impossível, naquela mania de se convencer da pobreza para aceitar a miséria.

Ele se arrepende, ele chora, ele promete que não fará de novo, ele se ajoelha, ele manda flores, mas será reincidente.

Para essas mulheres que resistem em segredo, só tenho uma coisa a dizer: quem bate uma vez baterá sempre.

Apanhar por amor jamais melhora o amor.

LABRADOR CARAMELO

Estou numa casa alugada no litoral gaúcho. Não me reconheço: os chinelos gastos, as bermudas velhas e as camisas que nunca usei durante o ano.

Marisco o vento na rede. Os pés são devolvidos à aspereza da areia. Boiar com a boca pela maresia. Fisgar as conversas dos vizinhos. Não concluir, me incluir no movimento do mundo. Bodear.

Quando estou à toa, não procuro sentido para existir, procuro sentido onde não existo. Aguardo uma fuga sobrenatural da lagartixa pelas pedras, uma acrobacia do bem-te-vi por ciscos nas calhas do telhado, o teatro nô do gato na varanda da frente. O tempo pensa por mim enquanto passo.

Foi neste ritmo à toa que percebi que um labrador caramelo vinha até o meu portão sempre no mesmo horário, todo dia.

Parava diante da cerca, quieto, o olhar fixo em mim, abanando o rabo.

Pela sua intimidade em aparecer, ele já esteve aqui. Não vem farejando, tateando. Não tropeça ou cheira os lixos, árvores e a grama. Não caminha por enganos e pistas. Chega direto e senta. Aguarda uma resposta.

Não falo, não o chamo para perto, não ofereço comida e ele volta. Sua pausa é obcecada. Não esmola, não é um vira-lata perdido. Percebo que tampouco é faminto: atento e curioso com a minha reação.

Talvez esteja procurando o inquilino anterior da residência, mas não cansa de vir, sempre com mais tristeza em sua expressão. Tristeza altiva. Não precisa de mim, precisa daquele momento, daquela postura comovida, daquela excêntrica pontualidade.

É fiel a uma promessa. Sou sua promessa mesmo que não tenha sido eu a fazê-la. Ele me observa disposto a me entregar uma carta. Ou me levar até ela. Lambe as patas, a roer sua docilidade.

O labrador demora dez minutos de oração e vigília, antes de sumir. O homem deveria ter metade de sua lealdade. E metade de seu silêncio.

Bater à casa quando o amor foi embora, não somente quando ele está dentro. Formar a casa diante da casa. Formar esperas.

ASSOMBRADO PELA VIDA

No bairro de minha infância, era obrigatória uma casa mal-assombrada. Com heras cobrindo os muros, portão enferrujado e som envenenado de vento e vidro partindo do quintal.

Se não havia uma candidata, a gente criava. Bastava uma residência estar abandonada, gemendo, fechada, ou para vender.

Assim que a imobiliária colocava a placa do negócio, o ponto passava a servir nossa especulação sobrenatural.

A construção tinha que atender alguns pré-requisitos. O maior deles: ser caminho da escola. Para facilitar o registro dos mínimos movimentos e gerar fofocas: vultos nos arbustos, janelas batendo e papéis voando. E também necessitava de gatos selvagens ou vira-latas raivosos em seu território, que avisariam da presença dos demônios com as pupilas mercurocromo. E alguém deveria ter morrido nela recentemente, por velhice ou fatalidade, para justificar a dívida com o além.

"Nem sabe o que eu vi" costumava ser a senha de nossa chegada na escola. A curiosidade tomava a maior parte das conversas do recreio e provocava uma enxurrada de bilhetinhos por debaixo das mesas.

O coração acelerava só de passar perto do endereço, ou de tocar no assunto. Montávamos planos para a invasão. Durante a merenda, traçávamos rotas de entrada e de fuga usando pão, colheres e bolacha recheada. Havia uma coragem receosa, misto de excitação e dúvida.

Hoje a turma seria confundida com um bando de assaltantes, terminaria com a cabeça raspada na Febem, fichada na Polícia. Mas na época existia uma tolerância dos vizinhos; perdoavam nossa pouca idade: "ah, são apenas meninos!" Pisávamos em território alheio com lanternas e mochilas. Revistávamos quartos e salas. Não foi uma casa que entrei sem permissão, mas várias, incontáveis. Ou pelas janelas ou pelos telhados. Com meu batimento na garganta, com um colega me dando cobertura do lado de fora.

Desse tempo, compreendi que adulto não soluciona o medo de criança, por querer terminar logo com o susto, dizer que não é nada, que é uma bobagem, que não vale sofrer à toa. Pai e mãe apenas aumentam o terror desprezando as perguntas e a cumplicidade.

As crianças pretendem curtir o medo primeiro, desenvolver o suspense. O medo não é uma ameaça é um modo de fazer amizades.

Elas resolvem os pânicos falando deles. A terapia consiste em tão somente partilhar medos. A gratuidade dos medos. O prazer dos medos. A delícia dos medos.

Um medo coletivo é melhor do que os medos individuais, castrados e reprimidos.

Exercitávamos a ansiedade com minúcia e fantasia. Às vezes contávamos histórias de terror à luz de velas somente para sair gritando. Às vezes alucinávamos em equipe.

Meu pavor sempre teve companhia para amadurecer.

NINAR

Eu não dormia fácil de pequeno, com aquele resmungo de cólica. Minha mãe me carregava no colo, me segurava pela barriga, e não me aquietava. Recusava bico, leite, conforto espiritual. Desdenhava da cama, do móbile, do carrinho, do andador. Aflita, ela pegava o carro e me levava para passear de madrugada. Na terceira quadra, me entregava ao sono. O carro foi meu segundo ventre. Até hoje quando sento no banco de trás, eu fecho docemente as pálpebras. É o único lugar em que fico em silêncio. Não me apresentei: sou o filho preferido de minha mãe. Meus irmãos também acham que são os filhos preferidos. Ela criou todo filho como se fosse único. Para cada um separava uma cantiga de ninar e um segredo. "Não conta para ninguém, tá?", ela me alertou. Como eu não falei para meus irmãos, nem meus irmãos falaram para mim, ninguém sabe qual o segredo que é meu, qual o segredo que é deles. Vários segredos juntos formam um mistério. É um problema quando estamos reunidos. Eu acho que ela cozinhou para mim, os outros também acham. É um problema quando estamos longe. Eu acho que ela só ligou para mim, os outros também acham. Ela reclama imensamente de mim, nunca está satisfeita com o que eu faço. Penso que somente reclama de mim, reclama da família inteira na mesma proporção. Assim como divide um doce de forma igual. Assim como divide o pão em fatias gêmeas. Mãe não tem dedos, tem régua. Reclamar é sua lista de chamada. Reclamar é um jeito disfarçado de sentir saudade. No fundo, torce para que eu me distraia de uma de suas regras. Ela aponta a louça para lavar, e logo limpa a pia. Ela pede uma carona, vou me arrumar, já tomou um táxi. Nunca pede duas vezes. Ou ela é rápida demais ou eu demoro. Na verdade, ela é rápida demais e eu demoro. Mãe é gincana. É agora ou nunca. Nem invente de responder nunca para ela. Sua reclamação tem virtude, sua reclamação é um quarto privativo, reclama só para mim. Para os demais, me torna muito melhor do que sou. Não me elogia para mim porque não quer me estragar. Tem esperança de que não me estraguei. Ela vibra quando encontra algo que não fiz. Cria necessidades para ser reconhecida. Atrás da mínima palavra, pergunta se eu a amo. Ela escreve isso com os olhos, eu leio isso em seus lábios. O que a mãe mais teme é ser esquecida. Não tem como: mãe é a memória antes da memória.

É a nossa primeira amizade com o mundo. O que parece chatice é cuidado. Cuidado excessivo. Cuidado a qualquer momento. Cuidado a qualquer hora, ao atravessar a rua, ao atravessar um namoro. Para o nosso bem, repete conselhos desde a infância. Para o nosso bem. Repetir o amor é aperfeiçoá-lo. Mãe não cansa de nos buscar na escola, mesmo quando não há mais escola. Mãe não cansa de controlar nossa febre, mesmo quando não há febre. Mãe não cansa de nos perdoar, mesmo quando não há pecado. Mãe não cansa de nos esperar da festa, mesmo quando já moramos longe. Mãe se assusta por nada e se encoraja do nada. Entende que o nosso não é um sim, que o nosso sim é talvez. Avisa para pegar o último bolinho, o último bife, em seguida arruma uma marmita para o lanche da tarde. Mãe tem uma coleção de guarda-chuvas prevendo que perderemos o próximo. Está sempre com a linha encilhada na agulha e caixinha de botões a postos. Conserva nosso quarto arrumado como se houvesse uma segunda infância. Mãe passa fome no lugar do filho, passa sede no lugar do filho, passa a vida guardando lugar para o filho. Mãe é assim, um exagero incansável. Adora chorar de felicidade nos observando dormir. Minha mãe chorava, quando finalmente descansava no carro. Ela sussurrou o segredo, disse que eu era seu filho favorito. Não fofoquei para meus irmãos, não pretendia machucá-los. Eles também não me contaram que eram os favoritos dela.

BINGO!

Meu amigo está deprimido.
Ele jamais dirá que está deprimido, mas chateado.
Chateado é seu maior desespero.
Homem é repleto de eufemismos, de atalhos, de contenções.
Meu amigo jamais chora. Ele funga.
Fungar é seu choro. Fungar é o choro de todo macho.
Fungar é mais veemente do que a lágrima. É uma lágrima madura, que virou respiração de novo.
Meu amigo não fala direto o que incomoda, ele reclama do time, do trabalho, do tempo, para confessar a verdadeira tristeza apenas no finalzinho da ligação, daí ele se despede.
Nunca mais tocaremos no assunto. Mas ele conseguiu falar. Conseguiu dizer, e é o que basta entre dois homens.
Dois homens são amigos sem explicar suas dores.

Dois amigos se curam mais bebendo junto do que solucionando os problemas.

Meu amigo está deprimido, ele lembrou da infância. A infância é o esqueleto da voz.

Retornar à infância, boa ou ruim, é decisivo para qualquer homem.

Confirma o estado melancólico, é o pôr do sol da dicção do adulto.

Quando meu amigo evoca seus tempos de menino é que está derrubado.

Voltou a ser frágil, voltou a ser filho obediente do silêncio, voltou a chutar geada.

Ele me contou como entristeceu.

Estava jantando no refeitório da empresa, e passou a escolher os grãos de feijão quebrados para pôr na boca. Colocava os inteiros de lado, e devorava somente os amassados, murchos, quebrados.

Repetia gesto de criança, sua compaixão com o que era torto.

Ele me sussurrava ao telefone e fungava. Quando o homem fala baixo está gritando.

Ele recordou que ajudava a mãe a separar feijão no alguidar. E não descartava nenhuma das pedras. Nenhuma suficientemente defeituosa para o descarte. Porque as pedras pretas tinham um rosto.

Criança enxerga o rosto em tudo para ter companhia para chorar.

Ele me falava ao telefone e fungava. Suas pausas longas eram também palavras.

Depois jogava bingo com o feijão. A partida com os dois irmãos durava quarenta minutos. A mãe vinha e despejava o tabuleiro na panela.

Os mesmos grãos da brincadeira eram os grãos de sua fome.

Meu amigo passou a infância comendo sua sorte.

E, no fim, entendi que ele só estava com vontade de ganhar sua família de volta.

O MAIS EXTREMO ÓDIO
COM O MAIS EXTREMO AMOR

Vingança é uma arte, o refinamento da carência. Quem procura se vingar do ex ou da ex, na verdade, não cansou de brigar. Não terminou de argumentar. Vingança é discutir o relacionamento sozinho, é discutir o relacionamento à distância, é dedicar o dia inteiro, às vezes a vida inteira, a arquitetar uma forma de chamar a atenção do amante que negou o ouvido.

O luto é destinado aos que amam amar. Vinga-se, por sua vez, a pessoa que odeia amar, odeia continuar amando. É o encontro do mais extremo ódio com o mais extremo amor. A união de dois terrorismos.

Vinga-se aquele que acredita que deu mais do que recebeu e que se enxerga ludibriado. Aquele que, durante a relação, cobrava em segredo tudo o que oferecia, listava presentes e gestos. A vingança é o juízo final do avarento amoroso.

Indica também prepotência. O vingador se enxerga superior ao vingado, mais experiente e sábio. Acha que está ensinando seu antigo par. Encarna a figura de professor repreendendo o erro do aluno. Assim como não sofre em vão, somente se humilha para humilhar o outro. Todo sofrimento é arrogante, debitado na conta do desafeto.

O vingador cobiça a última palavra pois não aceita que alguém pense o pior dele. Planeja castigar as supostas distorções e intimidar as possíveis confissões de sua intimidade. O vingador vive por hipóteses. Não entendeu que a última palavra não existe, é uma desculpa para mandar.

A vingança é o mais paradoxal dos atos: um sentimento inteligente em mãos burras e desgovernadas; uma pressa que exige longa paciência e dissimulação. Requer as mais contraditórias atitudes: sangue-frio de alguém com sangue quente; calar-se apesar da exagerada vontade de falar.

A vingança fracassa pela ânsia de fama do seu autor. Quem busca se vingar pretende que o outro saiba que foi ele, que não tenha nenhuma dúvida. Deseja dar o troco beijando a boca, olhando nos olhos. Conclui que não adianta nada uma vingança sem remetente. E peca pela ambição, erra ao se expor, porque a represália aguda e exitosa esconde o criminoso para a perfeição do crime; deve ser anônima, gerando a desconfiança, mas não entregando totalmente o seu mentor.

    Não conheço vingança perfeita. Não se vingar talvez seja a melhor vingança. Fazer esperar uma resposta que nunca virá.

BASTA UMA PITANGUEIRA

Poeta não é aquele que escreve livros, mas o que lê as pessoas. Tinha 13 anos. Estava na varanda com a minha mãe. Naquela época, estudava de tarde.

Tomávamos chimarrão tranquilamente. Em casa, o chimarrão sempre prevaleceu sobre o café. O café é para acordar, o chimarrão é para sonhar.

Conversa sobe ladeira, conversa desce ladeira e, de repente, um grupo de operários da prefeitura desceu do caminhão na frente de nossa residência na rua Lajeado.

Eles iriam consertar um vazamento no bairro.

Mas foi só atracar em terra firme que eles se distraíram por um instante do serviço prometido.

Enxergaram nossa pitangueira carregada.

Largaram as ferramentas destinadas a arrumar os encanamentos, e subiram nos galhos.

Um bando de marmanjos pescando frutas, baixando as folhas, disputando quem pegava a melhor, a maior, a mais carnuda.

Riam alto, gesticulavam freneticamente, num alvoroço puro e crédulo, próprio da amizade infantil. Um puxava o outro para trapacear e se exibir com seu punhado de joias rubras.

Eram crianças de novo, disfarçadas de macacão cor laranja.

Um pé de pitanga tem esse privilégio: recuar o tempo.

Eu festejava aquela doideira, aquele desatino, aquele recreio fora de idade, mas minha mãe embrabeceu com a bagunça. Saiu ralhando:

— Ei, ei, o que estão fazendo?

Baixei o rosto de vergonha. A felicidade deles não deveria incomodá-la. Antecipei o vexame, o fiasco, a repreenda adulta.

Não poderiam se divertir trabalhando? Não poderiam ter um minuto de paraíso no inferno das picaretas?

O bando silenciou no ato, temendo a represália daquela senhora tão senhora de si.

A mãe endureceu a voz e explicou:

— As pitangueiras da rua são para os pássaros.

Eles recolheram as mãos, colocaram as pitangas no bolso e já se dispersavam.

Foi quando a mãe completou:

— Mas, se vocês se sentem pássaros, aproveitem!

Não esquecerei nunca daqueles homenzarrões gargalhando e voltando a depenar a pitangueira.

Com a alegria das asas que só existe no nosso sorriso.

Um pé de pitanga tem esse privilégio: recuar o tempo.

PENÉLOPE CHARMOSA

Quando tinha 4 anos, minha irmã se fingia de morta e eu acreditava. Era o único que acreditava entre os três irmãos.

Ela caía do sofá, e emudecia no tapete vermelho da sala. Ansiava levantá-la, puxava com força sua nuca para cima, dava beijinhos na sua testa de princesa, disposto a desencantar o fim.

Carla demorava a abrir os olhos.

Eu demorava a reaver meu pulso.

A cena sugeria que ela me torturava, mas pretendia unicamente se sentir amada. Não conseguia parar de fazer a brincadeira para se enxergar salva.

Ela se comovia com a minha insistência ingênua. Todo entardecer repetia o desmaio e eu acreditava que era de verdade. Toda queda poderia ser real, mesmo a mais fingida. Criança não arrisca errar, criança confia para depois se certificar que se tratava de uma brincadeira.

Acho que Carla não mentia, ela pedia minha ajuda daquele jeito. Cada um inventa seu teatro para entender e explicar a própria vida.

Assim que recolhida do chão, a irmã me abraçava forte, com os dois braços em volta do meu pescoço, imensamente grata por querer resgatá-la dos abismos imaginários. Ela me chamava de seu salva-vidas. Eu a chamava de Penélope Charmosa.

Quase chorava de contentamento porque a protegia do acaso, porque não me negava a reconhecer que estava em perigo, porque não perguntava para agir, atirava-me ao imprevisto para socorrê-la a tempo.

Ao testar minha fé, ela criou minha fé.

Carla é irmã gêmea. Ela é linda, eu sou feio; não temos o rosto igual; não viemos juntos no ventre; há cinco anos de diferença de nosso parto.

Mas gêmeo não é o que nasce junto, é o que sobrevive junto.

Nossa gestação não coincidiu, mas nossa dor sim.

Gêmeo é o que partilha uma lembrança, e se ajuda dentro da memória a seguir com o futuro.

Somos gêmeos de confidência, de ternura, de apoio, das dificuldades familiares, da superação amorosa. Não trocamos nossas palavras por nenhuma telepatia e clarividência.

Nossa irmandade univitelina decorre de uma confiança que jamais será rompida, por mais que o arranjo das vivências seja outro e diverso, por mais que a distância atrapalhe a igualdade dos ombros no abraço.

Ela é intensa, sincera, honesta, fala pelos cotovelos, não aceita alegria pela metade, desafia antes de ser testada.

Eu sou tão parecido com ela, que não duvido que não tenhamos apenas um minuto de diferença entre a gente. Levando em conta nossa semelhança emocional, ela é só um minuto mais velha do que eu. Um minuto.

Eu e ela temos um pacto. Nosso amor é um pacto de infância.

Quando me finjo de morto, é a única que acredita em mim e vem me salvar.

MINHA FILHA E EU

Minha filha saiu de casa para morar com o namorado.
Estávamos estremecidos. A gente não se falava tanto quanto antes, não nos perguntávamos tanto quanto antes.
Os telefonemas e os encontros foram ficando econômicos, com pausas apressadas e interrupções súbitas.
Ela tem 19 anos, já é adulta e não aceita coisa alguma que seja imposta e que fuja daquilo que planejava.
Eu sou pai, e minha chatice é eterna, não escapo da preocupação com o futuro e com a universidade que pretende cursar.
Incomodo mesmo, recupero o assunto do vestibular sempre que abre uma brecha. Ela se irrita com a pressão.
Decidi ser duro, inflexível, ganhá-la no cansaço. Acredito que, com paciência, a ditadura poderia render frutos.
Só que a vida não pede para que a gente tire os óculos para nos bater.

Com o divórcio, eu adoeci e a filha armou uma trégua e veio me cuidar. Dar sopa, chá e oferecer seu olhar caído para levantar o meu.

Desde que viu seu pai enfraquecido, ela mudou. Ou eu mudei. Na verdade, ambos mudaram. Não existe mudança no amor que não seja recíproca.

Mariana assumiu o posto de conselheira e sentei na cadeira de aconselhado. Invertemos os papéis. Ela me ajudando a entender e organizar o passado e eu, absolutamente surpreso e estarrecido com sua maturidade.

Meses de intensa troca, convívio miúdo e a certeza de que não perdemos em nada nossa intimidade.

Mas faltava algo, faltava atravessar uma fronteira entre as palavras amenas e educadas. Ainda havia formalidade entre nós.

Faltava algo que somente tive em sua infância: que demonstrasse uma fé, uma esperança em mim mais do que em qualquer homem.

Quando regressávamos de viagem de São Paulo, testemunhei o milagre.

Lado a lado, no meio do voo, ela adormeceu em meus ombros.

Fazia muito tempo que eu não vigiava seu sono. Fazia muito tempo que não se entregava ao cheiro de meu casaco. Fazia muito tempo que não controlava sua respiração.

Naquele instante, com a mão trocada, acarinhei seus cabelos e cantei baixinho sua música de ninar: "Lá vem a morena subindo a ladeira, com o pote de mel, um pote de luz, bem perto do céu...".

Ela regressou ao meu colo, ao colo de pai, que é muito mais importante do que voltar para casa.

AS VELAS DE MEUS DIAS

Enquanto acendo as luzes da casa, ela as apaga.

Uma por uma. Como se fosse uma sombra me economizando, me escoltando.

Se amo as mulheres, se nunca desisto de amar as mulheres, se admiro as mulheres, é também por ela: Cléo, minha empregada.

Ela é meu anjo moreno de cabelos crespos, minha mãe, minha irmã, minha confidente.

Já me levou no colo quando estava exausto para repor os caminhos. Já velou meu sono na sala quando não me restava ânimo para acordar.

Recolheu minhas roupas no porre. Recolheu minha estima em separações e me colou com Super Bonder na manhã seguinte.

Nunca estou sozinho, porque minha solidão tem as janelas abertas pela Cleunice.

Nunca sou longe, ela vem de catamarã com a simplicidade de quem caminhou apenas duas quadras.

Já a vi chorar no meu lugar, já vi me defendendo da indiferença, já vi brigar com raiva em nome de minha paz.

Ela é um romance inédito. Foi separada, viúva e agora vive casada. Quando fala, meus ouvidos deitam. Sua memória é meu melhor conselho.

Sofreu bem mais do que eu, e me cuida como se meu sofrimento fosse único. Não subestima as pálpebras pesadas.

Ela ri no momento errado para torná-lo certo. Quer me explicar, com suas echarpes coloridas e suas botas de cano longo, com seu batom escuro e seus brincos de argola, que a alegria nos devolve a humildade. Todo triste é arrogante, por sua vez o temperamento alegre se dedica a carregar as pedras dos pensamentos sem reclamar.

Quando enfrentei dificuldades, Cléo me trazia uma camiseta do Centro Espírita para vestir na hora de dormir. Durante um mês, benzia o pano e me alcançava. Fora do horário de serviço, em sua folga.

Há pessoas que nos amam neste e em outros mundos. A fé ainda pode ser muito visível para o olfato: ela é minha santa, minha protetora, minha benzedeira.

Não tem ensino universitário, mas ninguém lê meus textos com tamanha devoção. Ela reza meus textos. Copia frases de crônicas que ainda não foram publicadas em seu Facebook — a impressão é de que me tornei seu plágio.

Ela tem 1m53cm, mas é imensa. Quando a observo, meus olhos vão para o alto: sua estatura é do tamanho da voz.

Ela canta quando cozinha. Já comi várias de suas canções.

Ela acolhe meus filhos como se descobrisse minha segunda e terceira infância.

Sempre ela, sempre presente: Cléo completa 50 anos, e os dois anos que dividimos são séculos de amizade, séculos de admiração, séculos de afinidade.

Enquanto a casa vai no escuro, acende uma por uma das velas.

Por mim. Por mim. Por mim. Por mim.

Sou feito de sua chama. E de sua concha das mãos me guardando para quem me mereça.

O LADO DO SOL DA CALÇADA

Sem esperança, não há generosidade.
Sem esperança, ninguém rende no trabalho.
Sem esperança, ninguém será receptivo no relacionamento.
Sem esperança, ninguém entenderá um amigo.
Esperança é garantir que tudo pode ser feito com calma, que não é preciso acertar sempre.
Esperança é espontaneidade. Esperança é leveza que se faz densidade. Esperança é não pressionar. Esperança é se doar sem medo de acabar.
A generosidade vem da esperança, eu garanto.
Quem não tem esperança será avarento, poupará sua energia, entrará em estado de sítio, economia de guerra, fará estoque de alegria no porão dos nervos. Não poderá oferecer ao outro o que faltará para si.

O desesperançado deixa de fazer convites, restringe os favores, recusa sair, sonega a casa a visitas. Ele é uma ostra que se torna marisco — não tem brilho de pérola para chamar o mar.

A esperança é tempo de ser, véspera, ensaio.

Não se luta pela esperança. Mas, sem esperança, não se luta por nada.

A amargura decorre justamente da ausência de perspectiva.

Alguém ameaçado de perder seu emprego será egoísta.

Alguém separado será apocalíptico.

Alguém falido não dará bom-dia muito menos boa-noite.

Alguém isolado não pensará em ajudar uma velhinha a atravessar a rua ou a carregar suas sacolas de mercado.

A esperança é educação. A esperança é tranquilidade. A esperança é liberdade.

A esperança é perceber que, por pior que seja aquele dia, haverá outro totalmente inesperado.

A esperança é crédito. O crédito é realidade recuperando os atos.

Acaba a esperança, explode a raiva. Acaba a esperança, reina o ressentimento.

A esperança destrói a onipotência, o controle dos fatos. Com esperança, as páginas estarão abertas para a escrita, não escreveremos bilhetes de adeus, não encerraremos o expediente com a morte e o fim.

Um naco de esperança e já somos felizes. Um pouquinho de esperança e já nos recuperamos. Um bocado de esperança e já levantamos o rosto para capturar o vento.

A esperança é confiar que nada é definitivo, nada é absoluto, nada é perfeito.

Todo homem e toda mulher são generosos quando banhados de esperança. Pretendem mudar, atendem pedidos inconcebíveis, estarão flexíveis e dispostos, autocríticos e atentos. Sem esperança, ficam hostis e intratáveis, bichos com raiva, animais encurralados.

A vida é fácil com esperança. Não tem porta fechada. É possível sair e entrar no mesmo erro. Não existe julgamento e sentença, apenas a vontade de seguir em frente e procurar o lado do sol da calçada.

Sem esperança, não há nem mesmo o perdão.

MORRER COM SAÚDE

Se eu tivesse seis meses de vida, não voltaria a fumar.

Se eu tivesse seis meses de vida, não empreenderia nenhuma viagem pelo mundo.

Se eu tivesse pouco tempo de vida, não enlouqueceria a resistência com farras e bebedeiras.

Não entraria em casas noturnas para mergulhar em rodadas insanas de sexo.

Não iria surtar dobrando o colesterol e engordando nas mesas das churrascarias.

Absolutamente não me vingaria dos vícios abandonados ao longo dos anos.

Não depredaria a casa bradando justiça.

Não sairia atropelando os amigos com as vontades reprimidas.

Não realizaria catarse, libertação, desforra dos recalques.

Manteria a musculação quatro vezes por semana, continuaria não bebendo refrigerante, preservaria as caminhadas, insistiria em dormir e acordar cedo. Minha Porto Alegre me veria em seus mercados, parques, restaurantes.

Um aviso fúnebre não impactaria meus cuidados físicos.

Não lamentaria que não adiantou a preocupação com o bem-estar, que fui burro me controlando.

O fim não elimina o valor das dietas que experimentei, das fisioterapias que acumulei, das restrições alimentares que adotei.

Temos a sensação de que paramos o que nos prejudica para viver mais.

Eu parei para viver melhor. Mesmo que seja por mais alguns dias.

Viver melhor para mim é viver mais.

Minha mãe de 73 anos soltou uma de suas frases sábias quando passeávamos pelo bairro Petrópolis.

— Quero morrer com saúde.

— Como assim? — repliquei. — O que é morrer com saúde?

— Quero morrer com forças para enfrentar a morte de igual para igual. Morrer mexendo na horta, lendo na varanda, pensando em qual filme ainda não vi. Tão triste morrer e não ter nem força para cumprimentar os anjos.

Eu também quero, mãe. Morrer bonito. Morrer com o rosto descansado e satisfeito. Morrer com um pouco de preguiça. Morrer sobrando. Morrer com a vontade de amar a mulher de noite. Morrer espiando as ofertas dos classificados, completando as palavras cruzadas do jornal. Morrer com as articulações das pernas firmes e os braços levantando o peso das frutas. Morrer sabendo o resultado de meu time e sua posição no campeonato. Morrer com confiança. Morrer respirando largamente. Morrer com a memória das datas prediletas.

Não morrer pessimista. Não morrer desesperançado. Não morrer longe de mim.

Morrer feliz com o que eu tive e fui capaz de fazer.

Morrer acenando com força na janela dos olhos de Deus.

O AMOR TEM SONO LEVE

Só aprendi a amar uma mulher depois de ser pai.

Antes me amava mais do que amava o outro.

A paternidade mudou meu mundo. Pela primeira vez, me tornei invisível, desaparecia no interior da casa, alguém era mais importante do que eu.

Permanecia 24 horas cuidando de minha filha. Existia por ela, para ela. Passei a destacar o que não seria notícia, a me interessar pelos assuntos da praça, pelos cuidados médicos, por aquilo que havia dentro do armário do banheiro, dentro da despensa da cozinha, dentro de minha cabeça.

Só quando pai é que descobri a diferença dos detalhes, a reparar na gola da camisa desarrumada, no farelo do canto da boca, na remela nos olhos, na previsão meteorológica, na lista do mercado sonhando almoço e janta.

Antes amava a noite mais do que o dia.

Quando nasceu minha filha, me dediquei à ordem doméstica. Dispensei creche para assumir a rotina do nosso bebê.

Meu expediente consistia em acordar, dar comida, trocar fraldas, dispor brinquedos, arrumar bagunça, levar para passear, preparar o banho, contar histórias, fazer dormir. E repetir exatamente tudo igual pela semana.

Controlava os horários com rigor. O relógio entrou em meu sangue.

Era um tal estado de solidão e carência, que todo beijo parecia um abraço dos lábios. Era um tal estado de isolamento, que toda visita recebia o dobro de festa.

Tinha direito a três telefonemas, justamente no momento em que minha criança descansava.

Cintilava cada palavra vinda dos amigos, como se fosse um sopro benfazejo de praia no rosto.

A paternidade transformou meus ouvidos. Eu comecei a escutar a residência inteira, jamais dormi igual. Meu sono agora estava atento a qualquer ruído, generoso, preparado para a vigília.

Só aprendi a amar uma mulher depois de ser pai. Arrumando a merendeira, me importando se o uniforme da filha estaria seco, conservando a memória da banalidade.

Antes não me julgava romântico, antes não me via sensível, antes não compreendia vesperas.

Foi untando os dedos de Hipoglós que valorizei o uso do perfume.

Só com a paternidade aprendi a esperar, aprendi a abandonar o egoísmo, aprendi a planejar presentes, aprendi a ser provisório e não mais idealizar encontros, aprendi a aproveitar o tempo que eu tinha e o tempo que podia, aprendi a não reclamar à toa, a não mais diferenciar a janela da porta e o amor do perdão.

Só aprendi a ficar de pé depois de ser pai, antes minha fé apenas engatinhava.

O PIANO DA SALA

Não fica com dó ao enxergar um piano parado, totalmente sem uso, num apartamento?
Não sente um remorso? Não considera um desperdício?
Tão caro e tão abandonado. Tão valioso e tão calado.
O piano no canto, como uma lareira em eterno verão. De vez em quando, crianças abrem sua tampa e desafinam as teclas. De vez em quando, uma visita rompe sua solidão, sopra o pó da manta e dedilha a trilha da Pantera Cor-de-Rosa. E é só.
Nada mais. Não existem recitais, saraus, festas. Nenhuma musa se debruçará na cauda para cantar Cole Porter. Nenhum estardalhaço é reservado àquele hóspede negro, brilhante e silencioso na sala.
Não bate ânsia de telefonar para os Mensageiros da Caridade e encaminhar o instrumento a um jovem concertista?

Pois é, somos diferentes. Eu não sofro nenhum problema com pianos abandonados. Não farei denúncia. Não abrirei a boca. Não subirei no púlpito para pregar sermão contra o luxo e a favor da necessidade.

Pelo contrário, tenho cócegas de ternura. É um indício de lealdade.

Sempre confiei em mulher que mantém um piano e não é pianista.

Sempre confiei. Será fiel pela vida inteira.

Não julgará aparências, oferecerá toda paciência para acolher ritmos distintos, acomodará o antigo e o novo, alheia à pressão do conforto.

Deve ter um moletom surrado no fundo do armário, um baú com as sapatilhas da infância e uma gaveta abarrotada de cartas de amor.

Uma mulher que conserva o piano da família não se desfaz do artesanato da infância. Respeita as histórias que vieram antes dela, reza na hora de dormir, toma café engolindo a fumaça, olha lentamente a janela de manhã para escolher a roupa.

Reserva espaço ao que não tem serventia, reserva um pouco do seu território para aquilo que não domina.

Não glorifica o que produz sentido imediato. Não força talentos e façanhas. Defende o mistério e aceita as incompreensões.

Tem noção de que nem tudo entra pela porta, que uma janela tem seu valor.

Não despreza a herança dos pais, não queima a bagagem extraviada, não anula as cicatrizes, não renega o que não é aproveitado, não usa somente o que interessa.

Não se mostrará prática, objetiva e indiferente, muito menos jogará fora o que não é do seu tempo e que não nasceu do seu esforço.

Não dará ultimato, não ameaçará despejo, não venderá a memória, não vai expor as confidências.

Acredita ainda em se casar e na genealogia do romance.

Acredita que um dia aprenderá música. Ou seu filho. Ou seu neto.

Um piano em casa é esperança.

PAREM DE MATAR CACHORROS!
(ou a memória é um retrovisor que não tem como arrancar)

Na BR-116, é certo que encontrarei engarrafamento e cachorro morto. A cada animalzinho estirado na mureta, tapo os olhos de meu filho Vicente — não é uma boa recordação para se levar à escola logo de manhã.

Mas fui notando que teria que deixá-lo vendado o trajeto inteiro. No intervalo de 10 quilômetros, avistava um novo corpo já despossuído de alma e Deus, inchado e anônimo, sem a gentileza de cruz e o amparo da coleira.

Cachorro atropelado na Grande Porto Alegre é tão frequente quanto as capivaras abatidas na BR-471.

Procurava desvendar como o cão atingiu o miolo da estrada. Na minha idealização, o bicho esquecera o caminho de volta e não contara com sorte ao cruzar a mão dupla. Por uma série de tristes casualidades, fora jogado na loucura assassina de um autorama.

Não me passava maldade pela cabeça. Sei o quanto um cachorro costuma cheirar caminhos e se distrair com facilidade.

Até que descobri que existe um nazismo canino. Cachorros são abandonados na rodovia pelos próprios donos. Aquilo que vejo todo dia não representa acidentes, é, sim, resultado de uma matança deliberada.

Famílias compram ou recebem de presente um cãozinho, acham que é barbada cuidar, enfrentam uma semana de experiência, gastam demais com ração e higiene, e decidem sacrificar o hóspede. Sem tempo a perder, desaparecem com as provas de uma existência. E ainda raciocinam que não é um assassinato, que Palmira Gobbi é apenas o nome de uma avenida. Fingem acreditar que não cometeram mal nenhum, largaram o pequeno à mera provação do destino.

O motivo é sempre gratuito. Matam o cão para prevenir incômodos. Ou porque ele adoeceu ou envelheceu. Ou porque o remédio e o veterinário são caros ou porque o abrigo é longe e não podem se atrasar para o trabalho.

Que mundo é este? Eliminam uma vida com a leviandade de alguém que arremessa longe uma bagana de cigarro, uma embalagem de picolé, um saco de salgadinho. Absolutamente crentes na impunidade.

Quem faz isso não merece perdão. Não merece explicação. Não merece defesa. É um crime premeditado. A mais implacável execução que conheço, antecedida de lenta tortura emocional.

Repare na insensibilidade: o dono mente ao seu cachorro que irão passear, para desová-lo no corredor da morte. Calcule o terror do bichinho quando não entende o castigo, e corre uivando, desesperado, atrás de um carro que nunca será mais o seu.

Cansei de esconder os olhos de meu filho.

NÃO TENHO MAIS AVÓS VIVOS

Não tenho nenhuma casa de avó para visitar mais.

O Mercado Público de Porto Alegre é a casa de avó que ainda me resta.

O casarão amarelo em que até fantasmas e vivos não se estranham, em que o antigo e o novo não se desentendem.

O Mercado Público é onde tenho a liberdade de neto, sem a ansiedade de filho.

É uma quadra inteira de mandigas, um prédio pintado de crepúsculo, com marquises e varandas, histórias e assoalhos, porões e janelões.

Todos podem entrar, não há discriminação social, intelectual, espiritual, é o clube social em que basta nascer gaúcho para ser sócio.

O Mercado Público é o aquário do Guaíba. Um girassol de pedra.

De seu segundo andar, posso enxergar a cidade, o rio, pedir colo a uma nuvem.

As pombas voam com entusiasmo em seu teto alto de catedral. Os cachorros procuram caixotes de madeira para sestear.

Foi no Mercado Público que minha filha aprendeu a comer peixe.

Foi no Mercado Público que comprei erva-mate para mandar para meu pai no Rio de Janeiro.

Foi no Mercado Público que abandonei meu medo de mendigos.

Foi no Mercado Público que arremessava aviãozinho de papel em direção à prefeitura.

Foi no Mercado Público que ampliei minha coleção de selos.

Foi no Mercado Público que carreguei um peixe num saco de plástico para entregar de presente a meu melhor amigo.

Foi no Mercado Público que quase morri de mocotó disputando quem comia mais com meus irmãos.

Foi no Mercado Público que tomei meu primeiro café forte e dispensei o açúcar.

Foi no Mercado Público que escrevi poemas de minha estreia: a tarde enferrujava nos dobres das dobradiças.

Foi no Mercado Público que minha mãe contou que iria se divorciar do meu pai. E, para compensar a notícia, deixou que repetisse sorvete com salada de fruta.

Foi no Mercado Público que gastei o meu primeiro salário como jornalista.

Foi no Mercado Público que comprei frutas exóticas para treinar meu paladar a viajar longe.

Foi no Mercado Público que meu eco passou a andar sem coleira.

Foi no Mercado Público que marquei encontros comigo e me perdi de mim.

Foi no Mercado Público. Sempre minha vida foi no Mercado Público.

CARTA PARA CÍNTIA MOSCOVICH

Você é a página da esquerda e eu sou a da direita. Você me antecede. Só faço sentido depois de sua leitura. Só tenho significado porque você me segurou nos momentos mais difíceis, acalmando a minha ansiedade, dando cama para meu medo, cavando espaço entre as letras para que sentasse.

Quando alguém não me entende, volta atrás e lê sua página e você me explica. Sempre me explicou. Sempre teve paciência para abrir minhas metáforas.

Talvez você saiba que a esta hora todos os homens estão cortando cebolas. Seu marido, seu pai lá no céu, seus amigos, seus alunos, seus leitores. Eu corto cebolas enquanto escrevo aqui. Primeiro descascando, depois dividindo ao meio, depois talhando ao comprido, depois passando a faca rente aos dedos, perigosamente rente, para conseguir os pedacinhos cúbicos, miúdos e parelhos.

Levarei comida até sua boca. Levarei a comida temperada de meus olhos. Vou abraçá-la como se nunca fosse terminar de desenhar o seu corpo.

Não sei quando nos conhecemos porque quando amamos toda a nossa vida quer participar do primeiro encontro. Meu esquecimento da nossa origem é excesso de memória.

Há alguns que pensam rápido demais e não conseguem falar. Eu a amo rápido demais e não consigo lembrar.

Você me ensinou a gentileza dentro do livro e o palavrão para protegê-lo.

Como adoro quando escreve: "O céu dela, no entanto, céu sobrevivido, firmamento escuro e manso, esse que antes era espaço sem astro algum, agora tinha a renda de constelações. Estrelas escandalosamente brilhantes."

Como adoro quando grita fora da obra: "Puta Merda".

Concluo que unicamente merece o palavrão quem cuida da linguagem. Seu desaforo não é falta de educação, mas amizade pura.

Não esperávamos o câncer em sua garganta. Queria costurar sua nudez na minha com linha de aço, como uma das cinco marias, para que não sofresse mais do que eu.

Mas vem sofrendo em segredo, tímida, isso me desespera: a quimioterapia, a pressão alta, os remédios que não permitem entender os próprios pesadelos.

Talvez você saiba, é importante que saiba, que a esta hora os homens estão cortando cebolas.

Não se preocupe com a beleza, com sua fragilidade. Os cabelos depois voltam, depois pintaremos novamente de vermelho, roxo, amarelo, rivalizando com os ipês floridos das praças de Porto Alegre.

Voltará a usar sua coleção de quimonos, que compramos no bairro Liberdade, em São Paulo. Ainda fará mais uma reforma em sua casa, para atravessar a quadra pelo pátio. Ainda me dirá para diminuir o ritmo. Ainda atravessaremos o último do ano com lentilha e tapas de vidro dos cálices. Ainda minha conta de telefone registrará seu número como um de meus prediletos. Ainda ficarei na fila de várias e várias sessões de autógrafos em que se gaba de manusear a caneta-tinteiro. Ainda ainda ainda seremos uma risada mais serena, mais prevenida, mais larga, amanhã, com o sol separando os dentes.

O câncer tampouco esperava sua resistência. Não conhece com quem se meteu. Não é estreante na dor. Todo texto a preparou para enfrentá-lo. Ele é o começo de outra história.

Aperta o livro contra os seios. Vamos passar por mais esta filhadaputice da vida.

VOO 1965

"Barrabás chegou à família por via marítima, anotou a menina Clara com a sua delicada caligrafia. Já nessa altura tinha o hábito de escrever as coisas importantes e mais tarde, quando ficou muda, escrevia também as trivialidades, sem suspeitar que, 50 anos depois, os seus cadernos me iriam servir para resgatar a memória do passado e sobreviver ao meu próprio espanto..."

Comecei a ler *A Casa dos Espíritos*, sua obra preferida, mãe. Tem sua assinatura no início, anotações pelos cantos, trechos sublinhados. Você queria que lesse... Insistiu. Meu nome é uma homenagem à personagem, né?

Quando íamos para a escola na semana passada, lembro que comentou que Isabel Allende decidiu escrever uma carta para o avô doente e saiu todo um livro. Que loucura.

Na semana passada, você existia. Que loucura... Sempre usei a palavra para algo alegre, que loucura triste, como a loucura é triste.

Acordei de manhã com a ideia de que o tempo é a única liberdade. Achei a frase inteligente e guardei para o nosso próximo reencontro.

Pensei que teria tempo para mim, que poderia deixá-la de lado pela adolescência, dar mais atenção aos amigos, curtir as festas, namorar de montão, zapear pela internet e, ao final, a gente se encontraria para uma conversa animada sobre segredos. Como filmes de reconciliação entre mãe e filha, de abraços miados e choros.

Mas não brigamos e não fizemos as pazes.

Eu me enganei: não existe tempo ideal, existe tempo daquele jeito sem jeito, como vier.

Pegava no meu pé quando recebia torpedo no jantar. O barulho do torpedo me agitava, eu já me posicionava a olhar e a responder e você implicava: Agora não!

Como mesmo você chamava o torpedo? De soluço do celular. Isso, dizia que meu celular estava soluçando.

Aquele "agora não" me engasgava, era muito autoritário. Gostava de decidir o que, como e quando. Que saco.

Agora eu posso e você não.

Vontade é dizer: agora não, mãe, não morre, agora não morre.

Você se irritava demais porque roubava suas roupas de noite, sem permissão. Sabe que nunca mais entrei em seu armário? Não consegui mais puxar uma blusa, não tenho coragem. Nossa casa é um cemitério, nem preciso sair daqui para visitá-la, mãe. Vejo você em qualquer canto. Um fantasma apareceria menos vezes do que você, mãe. Você é uma ausência. Mais do que um fantasma. Uma ausência. Não houve um corpo para enterrar, desapareceu. Sumiu de repente.

Está em tudo e em nada. Não posso ouvir uma campainha, um interfone, sem desconfiar de um milagre, porra, um milagre, um erro de digitação de Deus. Senhorita, não era Mendes na lista, mas Medes. Uma letra diferente e você estaria viva.

Estou adulta depois que a companhia aérea confirmou seu nome no desastre. Adulta com 15 anos, caralho. Odiava palavrão, aguenta. Caralho!!!!

Por que, mãe? Por que me obrigou a crescer, estou com raiva de crescer para aguentar a dor.

Por que ninguém cresce sem dor? Por que não se cresce na alegria? Parece que a alegria só nos torna infantis. Explica, vai? Explica que estou ouvindo.

É estranho que você tenha sido sorteada pela tragédia após vencer azar, desgosto, privação. Logo você que brigou contra a ditadura, não é justo.

Que liberdade é essa? Eu apenas tinha a liberdade para não entender você, liberdade para não a escutar, liberdade para virar as costas

ME AJUDE A CHORAR | 147

Não parei para ouvi-la, você enfrentou a prisão quando jovem, eu sofria um pavor de que você tivesse sido maltratada. A vontade era gritar: Cala a boca, não pedi para saber!

Você sentava na sala, os olhos em um ponto fixo do teto, discursando sobre a barra-pesada dos anos 60 e 70, havia censura, propaganda estúpida, muito estudante expulso da faculdade, amores despedaçados, porões secretos e sujos, sumiço de gente. Lembrava-se do rio Araguaia, dos acampamentos no mato, da identidade falsa, da paranoia... Eu me trancava no quarto para não ouvir. Para me irritar, você encostava seu rosto na porta e aumentava o volume do noticiário da garganta.

Não pedi para saber, conhecia bem onde terminaria: lembrava e logo cobrava, justificando que a liberdade de hoje custou caro, custou o sonho de muitos colegas, que eu não podia desperdiçar. Emputecida porque não tirei meu título eleitoral, que não guardava a noção do que é expressar a opinião e votar, sei lá, naquela hora parecia minha diretora da escola, não minha mãe.

Você foi torturada?

Está neste momento junto de tantos amigos que desapareceram? O que você pensou durante a queda? O que você estava pensando? Rezou por mim? Doeu?

Depois que se foi, eu puxava conversas antigas, asneiras, recados, recolhia lista de mercado do balcão da cozinha, abria contas, cartas, limpei suas gavetas, para buscar um sentido, uma aviso, um pressentimento. Mas não se é educado ao morrer, não se diz com licença. Saímos porta afora sem avisar. Não se desculpou por ter ido, não posso me desculpar por permanecer.

Em sua última frase, disse que comprou uma lembrança. Você morreu e não sei qual é a lembrança. Você morreu e eu somente me importava com a lembrança: o que será que ela comprou?

Fui fria e estúpida para me proteger. Comprar uma lembrança entendo que é comprar a memória entendo que é comprar a saudade entendo que é comprar o que não tive. Você comprou tudo o que estou escrevendo nesta carta. Linha por linha. Comprou parcelado. Dia a dia. Sou sua lembrança do avião.

Pretendia ser livre, mas não há como ser livre sem alguém para contar a própria liberdade. Liberdade foi feita para se declarar livre. É uma vaidade: sou livre.

Eu jurava que liberdade era lutar contra seus desejos Lutar contra sua caretice de quarto arrumado, de responsabilidade, de escola. Essa aporrinhação de educar e respeitar. De não sentar de pernas abertas, de reparar que as camisas envelhecem nas golas, de comer devagar.

Deixa falar, transei com 14 anos, perdi a virgindade com o André Foi ruim na primeira vez, foi mais ou menos na segunda, na terceira eu já tratei de melhorar, não iria esperar que ele tomasse uma atitude.

Está rindo, hein?

Bala, palha, fogo. Do que mais sinto falta é de quando você falava para exigir camisinha do namorado. Saudade do cuidado.

Fique tranquila. Não vou engravidar e morrer para minha filha.

Eu não tinha pensado que você não teria tempo para falar comigo.

O tempo é a única liberdade, mãe. Quando nos falta tempo.

"Barrabás chegou à família por via marítima, anotou a menina Clara com a sua delicada caligrafia."

Eu deveria escrever um livro, mas acabei fazendo uma carta.

A MAIOR TRAGÉDIA DE NOSSAS VIDAS

Morri em Santa Maria hoje. Quem não morreu? Morri na rua dos Andradas, 1925. Numa ladeira encrespada de fumaça.

A fumaça nunca foi tão negra no Rio Grande do Sul. Nunca uma nuvem foi tão nefasta.

Nem as tempestades mais mórbidas e elétricas desejam sua companhia. Seguirá sozinha, avulsa, página arrancada de um mapa.

A fumaça corrompeu o céu para sempre. O azul é cinza, anoitecemos em 27 de janeiro de 2013.

As chamas se acalmaram às 5h30, mas a morte nunca mais será controlada.

Morri porque tenho uma filha adolescente que demora a voltar para casa.

Morri porque já entrei em uma boate pensando como sairia dali em caso de incêndio.

Morri porque prefiro ficar perto do palco para ouvir melhor a banda.

Morri porque já confundi a porta de banheiro com a de emergência.

Morri porque jamais o fogo pede desculpas quando passa.

Morri porque já fui de algum jeito todos que morreram.

Morri sufocado de excesso de morte; como acordar de novo?

O prédio não aterrissou da manhã, como um avião desgovernado na pista.

A saída era uma só e o medo vinha de todos os lados.

Os adolescentes não vão acordar na hora do almoço. Não vão se lembrar de nada. Ou entender como se distanciaram de repente do futuro.

Duzentos e quarenta e dois jovens sem o último beijo da mãe, do pai, dos irmãos.

Os telefones ainda tocam no peito das vítimas estendidas no Ginásio Municipal.

As famílias ainda procuram suas crianças. As crianças universitárias estão eternamente no silencioso.

Ninguém tem coragem de atender e avisar o que aconteceu.

As palavras perderam o sentido.

FABRÍCIO CARPINEJAR

Caracterizado por Luis Fernando Verissimo como "usina de lirismo", Fabrício Carpinejar chama atenção pela prosa absolutamente desconcertante e confessional.

Nasceu em 1972, na cidade de Caxias do Sul (RS); é poeta, cronista, jornalista e professor, autor de vinte e seis obras na literatura, entre livros de poesia, crônicas, reportagem e infantojuvenis.

Atua como apresentador da TV Gazeta e da TVCOM, é colunista do jornal *Zero Hora* e das revistas *IstoÉ Gente* e *Pais & Filhos*, e é comentarista da Rádio Gaúcha.

Ganhou vários prêmios, entre eles: o 54º Prêmio Jabuti (2012) com o livro *Votupira* (SM Edições) e o 51º Prêmio Jabuti (2009) com o livro *Canalha!* (Bertrand Brasil), da Câmara Brasileira do Livro; o Erico Verissimo (2006), pelo conjunto da obra, da Câmara Municipal de Vereadores de Porto Alegre; o Olavo Bilac (2003), da Academia Brasileira de Letras; o Cecília Meireles (2002), da União Brasileira de Escritores (UBE); quatro vezes o Açorianos de Literatura (2001, 2002, 2010 e 2012).

Foi escolhido pela revista *Época* como uma das 27 personalidades mais influentes na internet. Seu blog já recebeu mais de três milhões de visitantes, seu perfil no Twitter ultrapassou duzentos mil seguidores e sua página do Facebook recebeu mais de duzentos e cinquenta mil "likes".

Além disso, *Um terno de pássaros ao sul* (2000, 3ª edição, Bertrand Brasil) é objeto de referência no *Britannica Book of the Year* de 2001, da Enciclopédia Britânica; o Programa Nacional Biblioteca da Escola (PNBE) adotou o juvenil *Diário de um apaixonado: sintomas de um bem incurável* (Mercuryo Jovem, 2008); *Menino grisalho* (Mercuryo Jovem, 2010) mereceu o selo "Altamente Recomendável" da Fundação Nacional do Livro Infantil e Juvenil (FNLIJ); *A Menina Superdotada* faz parte do acervo permanente da FNLIJ; e *Filhote de cruz-credo* (Girafinha, 2ª edição, 2006) inspirou uma peça de teatro, adaptada por Bob Bahlis, e arrebatou o prêmio de melhor livro infantojuvenil da Associação Paulista de Críticos de Arte (APCA) em 2012.

Integra coletâneas no México, Colômbia, Índia, Estados Unidos, Itália, Austrália e Espanha. Em Portugal, a Quasi editou sua antologia *Caixa de sapatos* (2005).

Já participou como palestrante de todas as grandes feiras e festivais literários do país, como a Jornada Nacional de

Literatura de Passo Fundo e a Festa Literária Internacional de Paraty (FLIP).

Fabrício Carpinejar já foi patrono das feiras dos livros de São Leopoldo (2001 e 2010), Barra do Ribeiro (2002), Esteio (2006), Taquara (2006), Cachoeirinha (2007), São Sebastião do Caí (2007), Lajeado (2007), Niterói/Canoas (2007), Santa Clara do Sul (2008), São Sepé (2008), Garibaldi (2008), Viamão (2009), Torres (2009), Gramado (2010), Carlos Barbosa (2010), Sertãozinho/SP (2010), Três Cachoeiras (2010), Lagoa Vermelha (2011), Venâncio Aires (2011), Camaquã (2011), Arroio do Sal (2012), Candelária (2012), Tapejara (2012), Pinhal (2012), Cachoeira do Sul (2012), Canoas (2012), Arambaré (2012), Vacaria (2013) e Bom Princípio (2013). Foi também indicado a patrono nas edições de 2004, 2005, 2006, 2007, 2012 e 2013 da Feira do Livro de Porto Alegre.

www.facebook.com/carpinejar
@carpinejar — Twitter
@fabriciocarpinejar — Instagram
carpinejar@terra.com.br

www.facebook.com/bertrandbrasil
@bertrandbrasil — Twitter
@bertrandbrasil — Instagram

Impresso no Brasil pelo
Sistema Cameron da Divisão Gráfica da
DISTRIBUIDORA RECORD DE SERVIÇOS DE IMPRENSA S.A.
Rua Argentina 171 – Rio de Janeiro, RJ – 20921-380 – Tel.: 2585-2000